Niki Glattauer • Best of Schule

NIKI GLATTAUER

BEST OF SCHULE

Zum Weinen lustig, zum Lachen traurig

www.kremayr-scheriau.at

ISBN 978-3-218-01041-2
Copyright © 2016 by Verlag Kremayr & Scheriau GmbH & Co. KG, Wien
Alle Rechte vorbehalten
Schutzumschlaggestaltung: Sophie Gudenus, Wien
unter Verwendung eines Fotos von KURIER/Jeff Mangione
Typografische Gestaltung und Satz: Sophie Gudenus, Wien
Druck und Bindung: Christian Theiss GmbH, St. Stefan i. Lavanttal

Inhalt

1	Vorwort eins (Zur Lage)	7
2	Vorwort zwei (Auch zur Lage, aber diesmal aus der Praxis)	13
3	Von prüden Lehrerinnen und anderen Trotteln	15
4	Der Lehrer in der Gummizelle	23
5	Fiktiver Brief an eine unbekannte Mutter	31
6	Kevin allein zuhaus	39
7	Mieser als Pisa	55
8	Von Tigermüttern & Bildungserben	67
8a	Erbe, Bildung & Monopoly	79
9	Die einen ins Töpfchen, die anderen ins Kröpfchen – NMS vs. AHS	83
10	Bözzze Buben, spuckende Lehrer … und ein paar geistige Watschn	97
11	Ich Ali, du baba	107
12	Sprichta in Pause Deitsch!	119
13	Last Christmas?	131
14	Smarttrottelmissbrauch und öffentliche Aufgehunfälle	143
15	Die Schule von morgen – born to be wild	151
16	Anhang: Schule für Fortgeschrittene	167
	Quellen und Anmerkungen	209
	Namenregister	219

1 Vorwort eins
(Zur Lage)

Gut, die große Schulreform, die sie uns seit Jahren versprechen, haben wir noch immer nicht, oder besser gesagt: schon wieder nicht. Aber sage deswegen niemand, dass in Sachen Schule nicht trotzdem alles dauernd anders wird.

- So haben wir seit Kurzem eine neue Bildungsministerin, Sonja Hammerschmid heißt sie. Möge sie als Österreichs größte Reformerin seit Maria Theresia in die Annalen der Schulgeschichte eingehen. Die Chancen dafür stehen allerdings, mit Verlaub, schlecht. Nicht freilich, dass HAM – so unterschreibt sie ihre E-Mails – nicht den richtigen Zugang hätte. Was Sonja Hammerschmid von Schule und Lehrern hält, lesen Sie bitte auf Seite 184 ff.
- Ganz ohne ihr Zutun werden heuer (2016/17) aus den letzten paar Hauptschulen endgültig Neue Mittelschulen. Was vor allem die Türschild- und Schulstempel-Branche freut, Österreichs 125.000 Lehrerinnen ja eher weniger (dazu mehr später im Text). Und weil ich jetzt Lehrer*innen* schreibe statt wie andere Lehr*er*:
- Wir Lehr*er* sind inzwischen zu mehr als 75 Prozent Frauen. In Volksschulen sind es sogar 92,3 Prozent. Dass das, sagen

wir es vorsichtig, nicht so gut ist, ist die eine Sache. Die andere: Unter solchen Umständen nicht die weibliche Form zu verwenden (und in Analogie dazu nicht von Lehrerinnenzimmern zu schreiben oder von Lehrerinnenbashing), wäre geradezu obszön. Daher in diesem Text von jetzt an: Lehrerinnen. Und Männer sind freundlich mitgemeint. Schüler und Schülerinnen nenne ich der ausgleichenden Ungerechtigkeit halber dafür nur Schüler (junge Damen jeden Alters höflich mitgemeint).

- Ab heuer ist auch die gute, alte Sonderschule Geschichte. Die Ausbildung zur Sonderschullehrerin (mit eigenem Lehramt „Sonderpädagogik") ist mit 2016/17 offiziell eingestellt worden. Das neue Maß der Dinge heißt „Inklusive Pädagogik" und wird Hauptpardonneuemittelschullehramtskandidatinnen an den Pädagogischen Hochschulen (PH) als Zweitfach zum Hauptfach angeboten, in einer Reihe mit z. B. Geschichte, Biologie oder Turnen, Verzeihung ... Leibesüb ..., Verzeihung: „Bewegung und Sport". (Dass heuer eine ministerielle Kommissionsuntergruppe gegründet wurde, die den Auftrag hat, zu evaluieren, ob „Bewegung und Sport" nicht wieder in „Turnen" unbenannt werden soll, ist ein Gerücht.)
- Heuer erfolgt der Startschuss für die einst „modulare Oberstufe" genannte „neue Oberstufe" (NOST), die bis 2020 flächendeckend in ganz Österreich eingeführt werden soll. Highlight: Wer zwei Fünfen hat (wie meine 14-jährige Tochter Suzie sagen würde) oder auch zwei Fünfer/Fetzn/Pinsch/Fleck (wie ich sage), dem passiert – vorerst gar nichts. Außer dass er oder sie diese Fetzn von da an im Rucksack hat. Wiederholungsprüfung, Aufstiegsklausel etc. sind Schnee von gestern (wie mein Großvater sagen würde). Da kann Suzie ihre „Fünfen" dann also bis zur Zentralmatura mitschleppen und beim Versuch, diese in einem Aufwaschen auszubessern,

auf ein Wunder hoffen. Möglicherweise erlebt sie dann aber ein solches in Blau.

- Apropos Zentralmatura. Die fand 2015 erstmals nicht nur an den Gymnasien, sondern auch an sämtlichen berufsbildenden höheren Schulen (wie Bakip, HTL, HAK[1]) statt, wo es ja, wie allgemein wenig bekannt, inzwischen mehr Maturanten gibt als in den Gymnasien (2015 ca. 23.000 da gegenüber 19.000 dort). Verändert gegenüber dem Vorjahr wurden auch – die Beginnzeiten. 2015 hatte man an den einzelnen AHS mit Zeitdifferenzen von bis zu zwei Stunden mit den schriftlichen Arbeiten begonnen. Da sei es, wie es später hieß, ein Leichtes gewesen, mit Hilfe von Smartphone & Co. die Fragen vorab auszutauschen, sprich: zu schummeln. Dass Schummeln kein Nachteil gewesen wäre, zumindest für die jungen Herren der Schöpfung, ist regelmäßig leider schon vorher zu erkennen. Nämlich bei den Überprüfungen der Bildungsstandards am Ende der 4. Schulstufe. Letztes Beispiel Deutsch[2]: Da hinken die jungen Herren den jungen Damen in sämtlichen sprachlichen Bereichen (Lesen, Texten, Sprechen, Sprachbetrachtung, Hören) weit hinterher. Allerdings auf niedrigem Niveau: 71 Prozent der rund 75.000 getesteten Volksschulkinder erreichten die vorgegebenen Standards in zumindest einem der vier Teilbereiche *nicht*, beim Schreiben sogar 80 Prozent.
- Ab heuer wird in den Volksschulen die gute, alte Schreibschrift (vulgo Lateinschrift) nicht mehr unterrichtet. Stattdessen wird unseren Kindern, beginnend in der Volksschule, nur noch die Druckschrift beigebracht. Aber jetzt keine Panik: Das gilt vorerst nur für Finnland. Dort geschieht das dafür ab heuer flächendeckend. Spinnen die Finnen? Oder sind sie den Österreichern wieder einmal ein paar Einheiten „Reformmut" voraus?

- Und weil wir schon bei der Volksschule sind: Künftig kann man in den Volksschulen bis zur 3. Klasse nicht mehr sitzenbleiben (Ausnahme: Eltern eines Kindes wünschen sich ein „freiwilliges Wiederholen"), dafür werden über die Form der Beurteilung in Zukunft … nein, auch nicht die Lehrerinnen, sondern ebenfalls die Eltern entscheiden: Denn wie auch immer an einer bestimmten Schule grundsätzlich entschieden worden sein wird (Zeugnis mit den traditionellen fünf Ziffernnoten oder eine alternative Beurteilungsform), „den Erziehungsberechtigten soll es unbenommen sein, in Ergänzung zur autonomen Entscheidung am Standort für ihr Kind eine der beiden Varianten zusätzlich zu wählen"[3].
- Und last but not least: Heuer schreibt Niki Glattauer zum letzten Mal ein Buch über die Schule. Keine leere Versprechung. Ernst gemeint. Deswegen jetzt auch dieser Buchtitel: *„Best of Schule"*. Es handelt sich um das *Best of* eines Mannes, der mit 40 Jahren „Junglehrer"[4] geworden ist (statt ein alter Journalist zu werden), seit fast 20 Jahren auf den Bühnen dieser Klassen steht, diesen Umstieg bis heute zwar ~~nie, fast nie, nur selten, nicht allzu oft,~~ immer wieder nicht bereut hat, vor allem im Juli und August nicht (Aussage nur der Pointe geschuldet ☺), aber seit ebenso langer Zeit erfolglos gegen die dort herrschenden Miss-, vor allem aber Um- und Zustände anschreibt. Einige Passagen und Szenen werden Ihnen also deswegen bekannt vorkommen, weil Sie sie in gleicher oder ähnlicher Form in einem meiner Bücher oder in anderen Druckwerken, für die ich arbeite, schon gelesen haben[5] – für dieses Buch quasi remixed und gesampelt –, die meisten aber werden Sie wohl deswegen kennen, weil sie sich in einer Endlosschleife wiederholen: „Und täglich grüßt das Murmeltier." Zugegeben, das frustriert ein wenig, zumal man die bestehenden Miss-, Um- und Zustände ändern könnte. Es wis-

sen auch alle, wie, denn die Konzepte dafür liegen seit Jahren, manche seit Jahrzehnten auf dem Tisch. Man müsste es nur ENDLICH TUN!

Ich erkläre also hiermit feierlich, dass ich mich zum Thema Schule erst dann wieder zwischen zwei Buchdeckeln äußern werde, wenn man uns eine Schulreform hingestellt hat, die diesen Namen auch verdient, sprich eine, die mutig ist, zukunftsweisend und den dort handelnden Akteuren, Kindern wie Lehrerinnen, das Leben nicht erschwert, sondern erleichtert. Denn wir müssen dort unsere Leistung bringen, ohne die die Kinder ihre nicht bringen können – und das geht zumindest in den Städten nur unter völlig neuen Rahmenbedingungen. Für solche bräuchte es freilich ein Wunder, also entweder Politiker und Politikerinnen mit Cojones[6] oder das Machtwort eines österreichischen Publikumslieblings, dem die Menschen „da draußen" blanko folgen würden, wie Andreas Gabalier, Marcel Hirscher, Marcel Koller, Dagmar Koller, dem Herrn Hausverstand u. ä.

Ich habe mich also gefragt: Versuchst du Marcel & Co. für die gute Sache zu gewinnen oder fällt dir jemand anderer ein? Da habe ich mir gedacht, ich probiere es noch *ein* Mal – ein letztes Mal – auf die konservative Weise. Ich spreche einen verantwortlichen Politiker an. Und zwar UHBK[7]. Und zwar K wie Kanzler, nicht P wie Präsident, weil, wer weiß, wie oft der in den nächsten Jahren noch neu gewählt werden muss. Also, sehr geehrter Herr Bundeskanzler Christian Kern, ich habe zehn Forderungen an Sie formuliert – oder nennen wir sie höflich Aufforderungen. Sie bilden das vielleicht wichtigste, wenn auch bestimmt nicht lustigste Kapitel dieses Buches (siehe Seite 161 ff.). Aber wenn Sie dieses Buch gelesen haben, dann wissen Sie: So wie bisher ~~soll, kann,~~ darf es nicht weitergehen.

2 Vorwort zwei
(Auch zur Lage, aber diesmal aus der Praxis)

Als eine mir bekannte Kollegin ihre „verminderte Lehrverpflichtung" aufgrund einer „nicht mehr zu bewältigenden Lärmbelastung" auf vier Tage statt auf die üblichen fünf verteilt haben wollte, lehnte der Direktor ihr Ansuchen ab. „Sie kommen, wie alle anderen auch, gefälligst fünf Tage die Woche in die Schule." Eine Kollegin fragte nach:

- *Hat er dir die vier Tage wirklich nicht bewilligt? Obwohl du jetzt nur eine Halbe[8] hast?*
- *Leider. Er sagt, Minimalisten kann er nicht brauchen.*
- *Ned nett.*
- *Eh ned.*
- *Und?*
- *Er sagt, wenn ich's nicht aushalte, soll ich Ohropax nehmen.*
- *Und?*
- *Die nehm ich seit 20 Jahren.*
- *Gibt's die überhaupt noch?*
- *Meine Apothekerin sagt, solange es Lehrer gibt, gibt es Ohropax.*

Oder:

- *Herr Lehrer, Sie sind jetzt fast wie ein Star. Man kann Sie sogar im Fernsehen sehen.*
- *Nun, Jessica, Star ist nicht unbedingt das richti...*
- *Meine Mutter sagt, leider sind Sie dick geworden. Waren Sie früher nicht so dick? Ich finde, Sie sind gar nicht sooo dick. Und die Glatze ist auch ein bisschen cool, obwo...*
- ⚡ *Weißt du was, Jessica, nimm einfach deine Deutschsachen heraus!*
- *(Pause) Das Wörterbuch auch? Ich hab das Wörterbuch nämlich zu Hause vergessen.*
- *Du hast dein Wörterbuch nach Hause mitgenommen? Das freut mich! Für welche Aufgabe hast du es denn gebraucht?*
- *Aufgabe?*
- *Ich meine, wofür hast du es gebraucht?*
- *Nicht ich. Mein Bruder. Fürs Fliegenklatschen. Er sagt, dafür braucht man ein Buch. Und selber hat er keines mehr.*
- *Willst du mir damit sagen, dass dein Bruder keine eigenen Bücher hat?*
- *Schon, aber es ist ihm aus dem Fenster gefallen. Leider war es dann hin.*

3 Von prüden Lehrerinnen und anderen Trotteln

Ich war noch nicht lange Lehrer, da stieß ich beim Zeitunglesen über folgende Typisierung von Einwanderern in Österreich:

a) Sie leben überproportional häufig an der Armutsgrenze.
b) Sie arbeiten in der Regel unter ihrem Ausbildungsniveau.
c) Sie finden schlechte Arbeitsbedingungen vor.
d) Sie haben kaum innerbetriebliche Aufstiegschancen.

Ich hatte eines meiner ersten Aha-Erlebnisse: Wie bei uns. Wenn du dir als Junglehrerin deinen Gehaltszettel anschaust, dann hast du auch das Gefühl, an der Armutsgrenze zu leben. Du findest katastrophale Arbeitsbedingungen vor. Du arbeitest, wie du bald feststellst, nicht nur unter, sondern vor allem *neben* deinem Ausbildungsniveau. Und du hast keinerlei Aufstiegschancen (es sei denn, du unterrichtest Turn…, „Bewegung und Sport", und machst deine Schüler gerade mit der Sprossenwand bekannt). Gut, die meisten von uns leben nicht an der Armutsgrenze, denn die meisten von uns sind Frauen, und als solche haben sie meist Männer, die nicht an der Armutsgrenze leben.

Aber da gibt es auch noch so etwas wie die „psychische Armutsgrenze": Als AHS-„Professorin" gehörst du für die Eltern deiner Schüler wenigstens noch zum sozialen Mittelstand, aber schon als Hauptpardonneuemittelschullehrerin (später mehr über das „trojanische Pferd" NMS) bist du nur noch bedingt gesellschaftsfähig. Und wer an einer Polytechnischen oder einer Berufsschule arbeitet, spielt sowieso in der Regionalliga.

Privates Anbahnungsgespräch beim vorsommerlichen Umtrunk beim Nachbarn:

- *Und was machen Sie, hübsche Frau, ich meine, beruflich?*
- *Ich bin Lehrerin.*
- *Aha, dann bereiten Sie Ihre Schüler wohl gerade auf die Matura vor, gaudeamus igitur, wenn ich so sagen darf ... ach, die gute, alte AHS.*
- *Nein, auf das AMS bereite ich sie vor. So viele Menschen mit Haaren auf dem Kopf gibt es in Österreich gar nicht, wie bei uns jedes Jahr Friseurinnen werden wollen.*
- *Verzeihen, aber das verstehe ich je...?*
- *Ich unterrichte an einem Poly.*
- *Oh.*

  Und schönen Abend noch ...

Gar nicht zu reden von den noch niedrigeren Rängen. Sag einmal da draußen, dass du Elementarpädagogin bist. Schon beim Aussprechen dieses Wortes brechen sie sich die Zunge. Dann begreifen sie irgendwann, dass du in einem Kindergarten arbeitest, und loben dich dafür, wie toll die *Tanten* ihrer Kleinen das Adventkranzbinden immer hinkriegen.

- *Und auch noch den ganzen Tag mit ihnen spielen müssen! Was ihr alles leistet, ein Wahnsinn ...!*

— *Wir spielen nicht mit ihnen, wir arbeiten mit ihnen.*
— *Wie meinen?*
— *Nix. Und Tanten sind wir auch keine. Grüß Gott.*

Und gib *niemals* zu, dass du Sonderschullehrerin bist! Als Frau stecken sie dich in die Lade „Ute Bock mit Piercing", als Mann wirst du für ein zu groß gewachsenes Depperl gehalten, und alle warten darauf, dass du beim nächsten Satz zu stottern oder zu zuzeln beginnst. Also immer fest tarnen und täuschen, wenn du Sonderschullehrerin bist.

Zurück zum fiktiven Frühlingsfest des Nachbarn.

— *Und was tun Sie so?*
— *Primär schlafen, fernschauen, essen und trinken. Sie nicht?*
— *(Hohoho, hahaha) Ich meine beruflich.*
— *Inklusions- und Integrationspädagogik.*
— *Aha, interessant.*
— *Ja.*
— *Und wo, wenn ich fragen darf? An einem größeren Institut?*
— *Kann man so sagen.*

Weil wir gerade dabei sind: Seit 2015 heißt das, was früher „Sonderschule" hieß und später in „Sonderpädagogisches Zentrum" (SPZ) umgetauft wurde (ohne dass sich außer dem Türschild groß etwas geändert hätte), nein, nicht wieder Sonderschule, sondern „Zentrum für Inklusiv- und Sonderpädagogik" (ZIS) – freilich auch, ohne dass sich dabei groß etwas geändert hätte. Nicht, dass diese jetzt für mehr oder weniger Kinder zuständig wären[9]; nicht, dass sich die Klientel in einer ZIS anders zusammensetzen würde als vorher in einem SPZ (gefühlte 99 Prozent Zuwanderer-Kinder); nicht, dass Gymnasien jetzt mehr als früher mit Integrations- oder gar Inklusionsklassen aushelfen würden (gerade einmal ein Dutzend AHS-I-Klassen gibt es im Land). Hauptsache, das Stiefkind bekommt alle paar Jahre einen neuen Namen.[10]

Es ist wie bei den Schultypen. Früher Volksschule, Hauptschule, Gymnasium. Aus. Heute: VS, BRG, BRWG, HS, WMS, NMS, SPZ, ZIS, Poly, FMS, BS, BHS, BMS, BHMS. Früher Kochen. Heute „Ernährung und Hauswirtschaft". Früher „Turnen". Heute wie gesagt „Bewegung und Sport". Nachdem es zwei Generationen lang „Leibesübungen" geheißen hat, und dabei hat noch nie einer NICHT Turnen dazu gesagt. Oder Musik, also korrekt „Musikerziehung", ME. Man darf gespannt sein, ab wann ME nicht mehr Musik heißen wird, sondern so etwas wie „Tonhaftes Erleben und Wiedergeben".

Aber zurück zum Stottern. Ist uns Lehrerinnen durchaus bekannt. Allerdings bringen heutzutage nicht wir unsere Schüler zum Stottern, sondern umgekehrt sie uns.

Integrationsklasse einer NMS. Zeichenstunde.

– *Jacqueline, nicht dass ich prüde bin, aber …*
– *Was sind Sie nicht?*
– *Egal jetzt. Was ich sagen will, ist: Ich nehme es locker, dass du seit Schulanfang nur Kreise malst, egal, welches Thema wir haben, aber warum nennst du sie jedes Mal „Sexecks"?*
– *Sie haben ja gesagt, wir sollen unsere Zeichnungen sigan… sigin… beschriften.*
– *Okay, du nennst deine Kreise also Sechsecke. Das meinst du ja vermutlich, Sechsecke, mit ch und in der Mehrzahl mit e und nicht mit s.*
– *Das sind keine Ecken und das sind auch keine Sechsecke, Oida, das ist Bier!*
– *?*
– *Na, sechs Dosen. Sexecks. Ich finde das den urgeilen Namen.*

- *Sie meint Sixpacks, Herr Lehrer.*
- *Kusch, Oida! Und schleimen brauchst bei dem da vorn auch nicht!*
- *Jacqueline, ich mach dir einen Vorschlag: Du bringst ab jetzt ein bisschen Abwechslung in dein künstlerisches Œuvre, dafür kriegst du für deine Zeichnungen ab jetzt einen eigenen Künstlernamen. „Sixpack". Was hältst du davon?*
- *Voll super! Das muss ich am Abend dem Heimleiter sagen, dass Sie mir das erlauben. Der nimmt mir das Bier nämlich immer weg, er sagt, ich bin jetzt schon ein Alki.*
- *Nein, das musst du am Abend deinem Heimleiter nicht sagen, Jacqueline, besser, wir machen das anony... geheim.*
- *Haben Sie vielleicht Angst vor meinem Heimleiter? Oida! Der hat Angst vor meinem Heimleiter! Voll der Lulu da vorn ...!*

So in etwa beginnen die später im Text beschriebenen Schlachten hinter verschlossenen Türen, überhaupt, wenn sich alle Beteiligten bereits in einer achten oder neunten UE befinden. Für Nichtlehrer: Schultage werden in UEs (Unterrichtseinheiten) und nicht in Stunden angegeben, weil Unterrichtsstunden ja nur 50 Minuten dauern. Die erste UE beginnt – Schulautonomie hin, Schulautonomie her – in 90 Prozent aller Schulen um 08.00 Uhr, die zehnte endet also knapp vor Christa Kummer. In diesem Fall: Nomen est omen. Denn zu dieser Zeit wehen alle noch Anwesenden nur noch auf Halbmast.

Überhaupt, wenn der Tag schon eher mau angefangen hat: Bereits um sieben der Kampf *um* die eine Kaffeemaschine. Ab halb acht der Kampf *mit* dem einen Kopiergerät. Und spätestens ab dreiviertel acht der Kampf *gegen* das eine Telefon. Es läutet, und keine deiner Kolleginnen greift zum Hörer. Dann steht aber plötzlich deine Chefin neben dir und schaut dich an mit diesem

Blick, bei dem dir sowieso immer ganz *hm* wird, und schon hast du den Hörer in der Hand.

Grüß G… – Aha. Wen suchen Sie? – Von wem die Mutter? – Jovani… wie? Welche Klasse? – Eine dritte oder vierte Klasse. Mehr wissen Sie nicht? – Gut. Und wen suchen Sie jetzt? – Grabauer, sagen Sie? Tut mir leid, gibt es bei uns nicht. Meinen Sie vielleicht den Herrn Glattauer? Das wäre ich nämlich selb… – Nein? Eine Frau. Aha! Die Frau Grohmann, vielleicht? – Gruber? – Weissenberger? – Auch nicht. Moment. Ich frage einmal eine der Kolle… Wie? Sie sind von der Schule angerufen worden? Okay, Moment! (Ruf ins Lehrerinnenzimmer: *Hat wer von euch eine Mutter angerufen, dritte oder vierte Klasse …?* Alle schauen gleichzeitig weg. Du wiederholst die Frage, einige Kolleginnen stehen auf, gehen aus dem Zimmer, andere beginnen zu smsen.) *Nein, tut mir leid, meine Kolleginnen können mir jetzt leider auch nicht weiterhelfen, aber vielleicht kann ich … wenn Sie mir nur sagen würden … – Nein, ich bin nicht der Hausmeister.*

Zehnte Einheit also. Zeichenstunde. Irgendwann rückt Kevin mit einem Problem heraus, an dem er offenbar sehr intensiv gekiefelt hat, gezeichnet hat er nämlich bis dahin nichts:

— *Wie viel verdienen Sie eigentlich, Herr Lehrer?*
— *Glaub mir, Kevin, das willst du gar nicht wissen.*
— *Weniger als 1500 Euro, stimmt's? Ich mein, netto.*
— *Woher kennst du plötzlich den Ausdruck netto? Und … wie kommst du jetzt auf weniger als 1500?*
— *Ich hab gehört, wie die Frau Professor Löschnak mit der Frau Professor Friedl über Sie gesprochen hat. Die Lösch… Fraufessor Löschnak hat gesagt, Sie sind arm, weil Sie weniger als 1500 verdienen, obwohl Sie schon so alt sind.*

- *Wenn die L... Frau Professor Löschnak das gesagt hat ...*
- *Mein Vater sagt, wer weniger als 1500 Euro verdient und trotzdem arbeiten geht, ist selber schuld.*
- *„Selber schuld", hat dein Vater gesagt?*
- *Eigentlich hat er was anderes gesagt.*
- *Aha? Und was?*
- *Er hat „Trottel" gesagt.*

Und weil wir jetzt schon bei Trottel sind: Im März 2015 widmete der „lustigste Lehrer Österreichs"[11], nämlich mein Kollege und Kabarettist Markus Hauptmann, seine Kolumne in meiner Lieblingsgewerkschaftszeitung (mit dem geilen Namen „APSFSG") thematisch den regelmäßig zweitschönsten Momenten eines schnöden Lehrerinnenlebens – den Lehrer-Konferenzen.

So nach 4 bis 8 Stunden (gemeint: Konferenz) ist dann endlich ein Ende in Sicht. Jeder ist schon am Sprung, sofern er nicht vor lauter Langeweile, mit dem Gesicht voraus, ohnmächtig unter dem Tisch liegt. Aber es ist doch irgendwie ein Licht am Ende des Tunnels zu sehen. Und in diesem Moment spricht dann die Frau Direktor/der Herr Direktor die verhängnisvollen Sätze: Kommen wir nun zum Allfälligen. Möchte noch irgendjemand etwas sagen? Und wir alle wissen: Es gibt noch gaaanz viele Irgendjemande, die noch gaaaanz dringend irgendetwas sagen wollen. (...) Eine der Kolleginnen steht auf und regt an, dass die Kinder einmal die Lehrer beurteilen sollen. Ich hab das auch einmal probiert. Ich habe einmal die Schüler einer zweiten Klasse gebeten, mich schriftlich zu beurteilen. Ich habe das aber relativ bald abgebrochen, nachdem mich ein Kind gefragt hat, wie man „Trottel" schreibt ...

4 Der Lehrer in der Gummizelle

2010: Schulautonomie war noch nicht einmal ein Schlagwort, die NMS ein pädagogisches Küken, Modellregionen für eine „gemeinsame Schule" Zukunftsmusik und die Notwendigkeit einer Bildungsreform nur in den Köpfen von ein paar gefährlichen Spinnern wie dem Ex-Finanzminister und Industriellen Hannes Androsch, Nationalbankdirektor Claus Raidl, Caritas-Präsident Michael Landau vorhanden bzw. als Forderung in den Schlachtplänen subversiver Banden wie der Industriellenvereinigung, der Arbeiterkammer, des Rechnungshofs, der katholischen Sozialakademie, der Diakonie, des AMS usw. – da besuchte Österreichs damals noch nicht weißhaariger Langzeit-, inzwischen Ex-Kanzler Werner Faymann eine Neue Mittelschule, und zwar den damals schon sehr spärlich sprießenden gymnasialen Teil der Angelegenheit.[12] Die Redakteurin des „Standard" war zufällig auch dort und protokollierte den Frontbesuch später in ihrem Blatt[13]: „An diesem Donnerstag herrscht in der 1B ‚Stationenbetrieb'. Offenes Lernen zum Thema ‚Winter und Weihnachten'. Die Kinder übersetzen ‚Rudolph the red-

nosed Reindeer' (…) und basteln Rentiere aus Papier – bis der berühmte Mann im Klassenzimmer auftaucht."
Ein solches Szenario kommt der gelernten Lehrerin bekannt vor. Auch bei uns herrscht für gewöhnlich Stationenbetrieb, wenn „schulfremde Personen" auf Besuch kommen. Da machen wir nicht groß Unterschiede zwischen den weniger schulfremden (wenn zum Beispiel an Tagen der halboffenen Türen die Kolleginnen von der Volksschule mit ihren lieben Kleinen kommen) oder den doch ziemlich schulfremden wie Journalistinnen oder eben Politikerinnen. Allerdings geriete unsere nichtgymnasiale Klientel bei dem Versuch, „Rudolph the rednosed Reindeer" zu übersetzen, spätestens nach dem Wort „Rudolf" schwer ins Trudeln und brächte damit den ganzen Stationenbetrieb zum Erliegen. Wir leben damit. „My name is Kevin, I am thirteen" ist für das Leben draußen schließlich auch nicht nichts, überhaupt, wenn Kevin wirklich „thirteen" sagt und nicht „thirty" oder „förti" oder „dörti", oder was auch immer dabei rauskommt, wenn man seine Zunge nicht ordentlich zwischen die Schneidezähne fläzt, sondern sonstwohin.

- *Herr Lehrer, der Ali hat zu mir fick dich gesagt!*
- *Hab ich nicht, du Schlampe, ich hab fick gesagt. Fick and fin.*
- *?*
- *Manuela, krieg dich wieder ein, Ali wollte dick und dünn sagen.*
- *Was, beleidigen soll ich mich auch noch lassen, und Sie sagen ihm nicht einmal was …!?*

Weiter im Schulreport mit dem Kanzler. „Es braucht nur eine kurze Stippvisite durchs Lehrerzimmer, damit der Kanzler im Gespräch mit ein paar Lehrern und Schülern berichten kann:

‚Das Zimmer der Lehrer ist zu klein.' (…) ‚Darauf wollte ich Sie ansprechen', sagt eine Lehrerin. ‚Es ist wirklich schwierig (…) Ich mache ein Heft auf, und meine Kollegin muss ihren Tisch räumen, weil ich ihn zur Hälfte abdecke.'" Worauf ich damit hinauswill: 125.000 Lehrerinnen – das bedeutet 125.000 Tragikomödien, in denen die Hauptdarsteller – noch einmal: das sind neben den Schülern die Lehrerinnen dort, denn sie sind es, die täglich die Bühnen betreten müssen, die die Schulwelt bedeuten – nicht selten am Rande des Nervenzusammenbruchs stehen. Wie eine Online-Befragung unter aufgerundet tausend Pflichtschullehrerinnen ergab, fühlt sich ein Drittel von ihnen von Burn-out bedroht. Zehn Prozent „sehr stark", weitere zwölf Prozent „stark". Nur knapp mehr als ein Drittel, 36 Prozent, gab an, „kein Risiko" zu verspüren. Als Hauptgrund für die ungewöhnlich hohe Burn-out-Rate nannte die Studie – Lärm.

Lärm wie solchen von Majka zum Beispiel. Majka, 13, ist stimmlich eine Kreuzung von Mausi Lugner und Birgit Sarata mit einem Schuss Helmut Zilk. Majka spricht nicht, sie sprudelt und tost. Wie ein Wasserfall. Ohne Unterlass. Und mit gefühlten 100 bis 200 Dezibel. Wenn Majka zu ~~sprech~~ fallen beginnt, kommt man sich vor wie auf der „Maid of the Mist" unter den Niagarafällen. Gesegnet also jedes Jahr der Winter mit seinen die Stimmbänder attackierenden grippalen Infekten. Leider sind gegen die Kehlkopf-Kombi Lugner/Sarata/Zilk sogar Viren und Bakterien chancenlos:

- *Majka, ich habe gehört, du hast Husten und Halsweh und kannst kaum spr...*
- *Geht-schon-stellen-Sie-sich-vor-was-mir-vorhin-passiert-ist-Sie-kennen-doch-Jessica-aus-der-4A-Jessica-hat-einen-Brud...*

- *Au!*
- *Tut-Ihnen-was-weh? Dann-müssen-Sie-nämlich-sofort-eine-Tasse-Tee-meine-Mutter-sagt …*
- *Majka! Du! Du tust mir weh! Solltest du nicht deinen kranken Hals schonen? Weißt du eigentlich, dass es Menschen gibt, die du anstecken könntest, wenn du sie ununterbrochen vollquatschst?*
- *Ich-hab-geglaubt-gute-Lehrer-freuen-sich-wenn-ihre-Schüler-trotzdem-in-die-Schule-kommen-wenn-sie-krank-sind-und …*
- *Nein, Majka. Gute Lehrer freuen sich nicht, wenn kranke Kinder trotzdem in die Schule kommen. Definitiv nicht.*

Spätestens gegen Ende des ersten Semesters drehst du dann durch und wirst unhöflich. Majka, schweig! Majka, aus! Majka, kusch! Wobei, kusch sagst du als Pädagogin natürlich nicht.

Nie.

Echt nicht.

Auf „derstandard.at" fand sich eines schönen Sommers ein Bericht, der über Umwege dem „New Yorker" entnommen war. Titel: „Gummizelle für Lehrer". Hier ein Auszug[14]:

Sie spielen Karten und Schach, lesen Zeitschriften, schlafen oder plaudern einfach mit ihren Kollegen über Gott und die Welt. Rund 600 Lehrer in New York sehen kein Klassenzimmer mehr von innen. Stattdessen sind sie zum Nichtstun in oft fensterlosen, im Sommer überhitzten und im Winter überheizten Zimmern ohne Ventilation und mit niedrigen Decken verdammt. Telefonieren, am Computer arbeiten oder Musik hören ist untersagt.

Das sind die berühmt-berüchtigten „Rubber rooms". Täglich treffen sich hier kaltgestellte Lehrer, verbringen sieben Stunden am Tag, monatelang, manche über Jahre, voll bezahlt und gelangweilt. Der Grund für die ungewöhnliche Disziplinierung: Sie dürfen wegen Verfehlungen nicht mehr unterrichten und warten auf ihre Verhandlung. (...) Dort zu enden ist ein zunehmendes Problem für die 140.000 Lehrer in der Millionenmetropole. Die Zahl der suspendierten Lehrer verdoppelte sich seit 2004. Die Disziplinierung kommt den Steuerzahler teuer zu stehen. Hunderttausend Dollar kostet ein einjähriger Aufenthalt in einem „Rubber room" im Schnitt, rechnen Experten. Insgesamt gibt das Schulsystem jährlich etwa 65 Millionen Dollar für die suspendierten Lehrer aus. Kritiker argwöhnen, dass die Stadtregierung die „Rubber rooms" auch eingerichtet hat, um Lehrer dazu zu bringen, selbst zu kündigen. Doch die wenigsten tun dies. Viele fühlen sich zu Unrecht an den Pranger gestellt und abgeschoben. Sei es, dass sie schon lange im Dienst sind und New Yorks Bildungsverantwortliche die Lehrerschaft verjüngen wollen. Sei es, dass sie für einen omnipotenten Rektor zu kritisch waren oder ihrem Frust in der Klasse freien Lauf ließen. Einem Insassen des „Lehrer-Knasts", so die New Yorker Tageszeitung [New York Daily News], sei das Wort „fuck" während des Unterrichts rausgerutscht. (...)

Ein „fuck" also. Hm. Da könnte man sich über ein schlankes „Kusch!" auch drübertrauen ... ☺

Im prophylaktischen Kampf gegen die „Gummizelle" setzen Lehrerinnen unserer Breiten auf den Kuraufenthalt. Über die Landesgrenzen hinaus bekannt ist die „Medizinisch-psychosomatische Klinik Roseneck" am Chiemsee in Bayern. 200 Lehrerinnen (auch aus Österreich) landen dort jährlich zum Zweck der psychischen Generalüberholung. Es sind nicht nur Lehrerinnen aus Problemschulen. Gymnasiallehrerinnen sind genauso vertreten wie Volksschul- oder Hauptschullehrerinnen. Die meisten um die 50 Jahre alt. „Wer hierher kommt, hat eine im Schnitt achtjährige Leidenszeit hinter sich", sagt Prof. Andreas Hillert, Psychiater, Psychotherapeut und Chefarzt an der Schön-Klinik Roseneck. Im Internet stößt man auf eine bemerkenswerte Analyse des Arztes und Buchautors („Burnout – Zeitbombe oder Luftnummer?", Schattauer-Verlag) über den Ist-Zustand:

LehrerInnen sind in der ambulanten wie der stationären Psychotherapie als Patienten auffallend häufig. Ärzte und Therapeuten wissen dies seit vielen Jahren, offen darüber gesprochen wurde darüber eher selten. (...) In der medizinisch-psychosomatischen Klinik Roseneck werden im Jahr mehr als 200 LehrerInnen behandelt. Damit stellen sie die mit Abstand größte Berufsgruppe. Diagnostisch liegen bei der meisten dieser Patienten depressive Störungen vor, gefolgt von somatoformen Störungen (subjektiv erlebten körperlichen Beschwerden ohne nachweisbare medizinische Ursache), Angststörungen und Tinnitus („Ohrpfeifen"). Mehrheitlich gehen diese LehrerInnen davon aus, dass berufliche Belastungen in erheblichem Ausmaß zu ihren Beschwerden beitrugen. Auf einer Skala von 1 (überhaupt nicht) bis 4 (sehr stark) wird die diesbezügliche Frage mit 3,3, die Parallelfrage zu privaten Belastungen signifikant niedriger mit 2,7 beantwortet. Auch bei der subjektiven Bewertung aktueller Probleme und Konfliktbereiche steht die Arbeitsbewältigung deutlich vor Partnerschaft und Familie. Diese Konstellation wird dadurch akzentuiert, dass im beruflichen Bereich kaum Möglichkeiten gesehen werden, hier selber positive Veränderungen bewirken zu können."

In Zeitungsinterviews plaudert der Psychotherapeut aus der Schule. Er weiß von einem Lehrer, der die letzten Jahre an einer Schule verbracht habe, an der „man nach einem Jahr schon viel erreicht hätte, wenn sich bestimmte Schüler für ihr Zuspätkommen wenigstens entschuldigen würden"; er berichtet von einer Lehrerin, die erzählt, dass in ihrer Stunde einmal ein Schüler aufgestanden sei, die Hosen heruntergelassen und zu onanieren begonnen habe; bei einer Volksschullehrerin seien die Eltern eines Schülers wochenlang Sturm gelaufen, weil sie eine Empfehlung für das Gymnasium nicht hatte abgeben wollen. Dann sei ihr der eigene „Chef" in den Rücken gefallen, usw.

Manchmal genügt es, „Österreich heute" zu schauen. Da rügt die lang gediente HaSch-Lehrerin eine 17-jährige Schülerin, die sich an der Tafel dermaßen gebärdet hat, dass sie sie für zumindest angeglüht hält, etwa so: *Sag, bist du betrunken?* Es kommt zu einem Wortwechsel, in dessen Verlauf das gegorene Früchtchen den Spieß umdreht: *Ich soll betrunken sein? Ich glaub, Sie sind betrunken!* Dann fallen unschöne Worte, dem Vernehmen nach auf beiden Seiten. Ein paar Stunden und Klassen später steht dann der Vater des Mädchens vor der Lehrerin. Für sie war das Thema eigentlich längst beendet, doch dann lag plötzlich ihre Brille auf dem Boden, das Blut rann ihr über das Gesicht und ein paar Stunden später fand sie sich im Krankenhaus wieder. Kopfwunde! Gehirnerschütterung! Geschehen in Salzburg. Der Fall war wie gesagt sogar im Fernsehen. Die Schülerin: Schulwechsel. Die Lehrerin: Alles wie gehabt. Weil ehrlich, wohin soll sie wechseln mit 50+?

Wie die weitsichtige Lehrerin rechtzeitig gegensteuert? Zum Beispiel mit regelmäßigen Beiträgen für eine gedeihliche Eltern-Lehrerinnen-Beziehung. Und mag die auch noch so sehr Fiktion sein. Lesen Sie über den erstaunlichen Selbstversuch im nächsten Kapitel!

5 Fiktiver Brief an eine unbekannte Mutter

Liebe Frau Vukocevic!
Vielleicht heißen Sie ja auch Vukovic. Leider ist es mir bis jetzt nicht gelungen, in diesem Detail Klarheit über die Verhältnisse zu bekommen. In den gefälschten Unterschriften Ihres Sohnes werden Sie abwechselnd mit beiden Namen geführt, und der Schülerbeschreibungsbogen der Behörde, der mir Klarheit verschaffen könnte, ist nun seit drei Wochen „schon unterwegs". Was die Sache nicht gerade leichter macht: Ihr Sohn Lukas reagiert, sofern physisch anwesend, was durchaus vorkommt, weder auf den einen noch auf den anderen Namen. Leider scheinen auch Sie und der Vater des Kindes nur virtuell vorhanden zu sein. Gesehen oder gehört habe ich Sie beide bis jetzt jedenfalls nicht, und immerhin neigt sich das erste Semester inzwischen seinem Ende zu. Sollte auch dieses Schreiben unbeantwortet bleiben, werde ich es aber noch auf Facebook versuchen.

Gerade ist Elternsprechtag. Die meisten Mütter und Väter hätte ich hinter mich gebracht. Eine halbe Stunde bliebe also noch, aber ich bin, mit Verlaub, skeptisch, Sie heute zu sehen, daher dieser Brief. Nicht, dass ich nicht irgendwie verstehen könnte, dass Sie nicht kommen. Auch für unsereiner gehört so ein Elternsprechtag nicht zu den schönsten Tagen im Leben. Du verbringst noch ein paar Stunden zwischen den angeschmierten, kaugummiverklebten und zerkratzten Möbeln deiner Schüler, und glauben Sie mir, es kommt nur in Ausnahmefällen zur Ausschüttung von Glückshormonen, wenn du Eltern erzählst, was ihre großen Söhne und Töchter in schulischen Belangen so draufhaben – oder eben nicht. Die meisten meiner Kolleginnen nehmen an solchen Tagen ein paar Extradosen Koffein zu sich, manche greifen sogar zu Alkohol, wenn auch überwiegend in Form einschlägig gefüllten Konfekts.

Früher einmal, so erzählen sich unsere älteren Häsinnen, wenn sie erschöpft ums Lagerfeuer sitzen, um über „früher einmal" zu reden, und nebenbei an der Friedenspfeife ziehen, sei an Elternsprechtagen noch schulfrei gewesen. Da sei man als Lehrerin einigermaßen ausgeruht an diesen Abschnitt der Front marschiert. Aber diese Vorbereitungszeit auf den elterlichen Diskurs haben sie uns gestrichen. Dementsprechend bewölkt ist an solchen Tagen der Himmel im Haus.

– *Du schaust aber gar nicht gut aus, Kollege! Gestern noch auf den Elternsprechtag vorbereitet?*
– *Nein, heute noch die 2A.*

Sie streichen uns seit Jahren in regelmäßigen Abständen etwas anderes: zuerst ein paar Unterrichtsstunden für die Schüler, in einem Aufwaschen damit unsere Überstunden, dann die bezahlten Mehrdienstleistungen, später die Klassenvorstandszulagen, die sie noch später, gekürzt, wieder eingeführt haben. Als Nächstes werden sie uns die Ferien streichen.

Aber wissen Sie, Frau Vuko(ce)vic, dann ist Schluss: Sollen sie sich Ihre Kinder doch selber unterrichten! 25 gleichzeitig auf zehn mal sechs Metern, und das den halben, streckenweise gar nicht lieben Tag lang. Dann werden sie schon sehen, dass eine Lehrerin ihre schülerfreien Tage braucht wie ein Pilot den Schlaf zwischen seinen Langstreckenflügen.

Vielleicht tu ich Ihnen ja Unrecht und Sie klappern gerade das Schulgebäude erfolglos nach meinem Arbeitsplatz ab. Den werden Sie nämlich nicht finden. Lehrer haben keinen Arbeitsplatz. Meistens findet man uns daher entweder auf dem Gang, wo wir raumsparend zwischen stehenden, hängenden und heruntergefallenen Werkstücken flanieren, oder als Gast in einem der Klassenzimmer, die aber, wie die Ziffern und Buchstaben an den Türen schon besagen, unseren Schülern gehören und nicht uns. Sporadisch könnte man uns auch im sogenannten Konferenzzimmer sehen, einer Art Aufenthaltsraum für Lehrkräfte. Dort könnte man uns sehen – Möglichkeitsform –, wenn es die Türme an Heften und Mappen nicht gäbe, die wir dort zwischenlagern müssen, bevor wir sie in Koffern und Taschen, Kisten und Kastenwägen nach Hause schleppen, um sie dann in mühsamer Heimarbeit wieder abzubauen.

Apropos schleppen: Aufzug haben wir keinen. Damit ersparen wir uns zwar einmal pro Woche Bauch-Schenkel-Po in der Volkshochschule, aber sagen Sie das einmal meinem Rücken! Gut, den Overheadprojektor lasse ich mir von einem der Männer die Stiegen hinauf- und hinuntertragen, und einer der beiden ist meistens da. Zwei Männer haben wir in unserem knapp 40-köpfigen Lehrerinnenkörper, richtige Männer mit tiefen Stimmen und den Knopfleisten an den rechten Seiten ihrer Bundfaltenhosentürln. Wenn du einmal Lehrerin bist, siehst du nicht mehr oft fremde Männer. Väter scheint es zu deinen Schülerinnen und Schülern jedes Jahr weniger zu geben und Kollegen sind rar geworden. Sieben von zehn Lehrerinnen sind Frauen, sagt die Statistik, auf manchen Schulstufen sogar neun von zehn. Da staunen Sie, nicht wahr? Die klugen Köpfe im Fernsehen sprechen seit Jahren von einer „Feminisierung" des Berufstands, offensichtlich vergeblich: Seit vorigem Jahr ist bei uns sogar der Islam-Lehrer eine Frau. Man erkennt ihn am Kopftuch.

Mich wundert all das nicht. Welcher Mann wählt freiwillig einen Sozialberuf mit null Prestige und keinen Aufstiegsmöglichkeiten? Wobei diese Sache mit dem Prestige so eine Sache ist. Unlängst habe ich gelesen, dass nur Ärzte, Priester und Universitätsprofessoren in der Bevölkerung ein höheres Ansehen genießen würden als wir Lehrer. Wohingegen Soldaten, Politiker, Gewerkschafter und – Achtung! – Journalisten auf den letzten Plätzen der Imageliste herumgrundeln würden. Vielleicht schreiben sie in gewissen Zeitungen deswegen immer, wie schlecht wir unseren Job machen ... „Neue OECD-Studie: Jeder fünfte Lehrer schwänzt die Schule", las ich heute früh auf dem Weg in die Schule. Leider fand ich dann im ganzen Artikel keine Bestätigung für die betreffende Aussage. Was ich fand, war: „Jeder fünfte Schuldirektor beschwert sich darüber, dass die Abwesenheit von Lehrern das Lernen sehr oder in einem gewissen Ausmaß behindert." Ist das dasselbe? Nein, ist es nicht. Bleibt also die Frage, wie sehr die Abwesenheit unserer Schüler, die später Gratisjournalisten werden, die Qualität unserer Zeitungen beeinflusst.

Gerade ist wieder „Banküberfall", ich nenne es so: Banküberfall. Aber schrecken Sie sich nicht, in Wirklichkeit ist es unsere Schulglocke, so eine, wie sie in österreichischen Schulen seit mehreren Jahrhunderten alle 50 Minuten ertönt. Dabei haben wir heute im Lehrerzimmer tatsächlich schon über einen richtigen Bankraub gesprochen:

- *Hast du gelesen, Kollegin …, der Banküberfall in Pottenbrunn?*
- *Nein, wieso?*
- *Ein Wunder, dass der wirklich eine Bank erwischt hat. Und nicht zum Beispiel eine, sagen wir, Putzerei.*
- *Aha?*
- *War einer von mir. Vorletzte 4A. Vollidiot. Nekula oder Newerkla oder so.*
- *Wie hast du ihn denn erkannt?*
- *Erstens am Gsicht, das er in die Kamera gehalten hat.*
- *Und zweitens?*
- *„Überfall" mit a.*
- *Wieso, a stimmt eh. „…fall".*
- *Aber nicht „Üba…".*

Frau Vuko(ce)vic, wenn Sie jetzt auch noch ein Weilchen mit mir plaudern wollten (über Ihren Sohn zum Beispiel), dann müssten Sie schnell sein. Eben hat nämlich der Schulwart die Klassentür aufgerissen und zum Zeichen der nahenden Wachablöse zweimal seinen Besen in die Luft gestoßen. Ohne unnötiges Wort. Herr Dvorak mag mich nicht besonders. Das hat sich bereits an meinem ersten Tag entschieden. Später habe ich gehört, das sei vielen so gegangen. Für die Junglehrerin an einer Wiener Pflichtschule gilt nämlich: Im Anfang ist der Schulwart.

- *Grüß Gott, guten Morgen! Mein Name ist …*
- *Morgen. Dvorak!*
- *Ich bin die neue …*
- *Mia wea'n si scho no kennanlernan, junge Frau, oba net in da Frua.*

Ich habe trotzdem gelächelt. Er nicht. Dafür habe ich die bohrenden Blicke in meinem Nacken gespürt, als ich eilig weitergegangen bin und dabei auf das ordnungsgemäße Abstreifen der Schuhsohlen auf der dafür vorgesehenen Tacke vergessen habe.

- *Und wer wischt 'n Dreck nachher weg?*
- *Verzeihung, Herr ... Dvorak?*
- *'n Gatsch an ihna Schuach.*
- *Aber draußen ist es staubtrocken ... ich meine, da ist kein Dreck an meinen ...*
- *Dazöhn Sie mia nix vom Dreck, junge Frau, i dazöh ihna dafia nix vom Goethe.*

Von Mo. bis Fr. gehört eine Wiener Pflichtschule abends den Sportvereinen. Pilates. Lachyoga. Qigong. Sitzfußball. Stehschach. Die Dinge eben, mit denen hart arbeitende Elternteile ihre Tage sportlich ausklingen lassen, wenn es draußen wieder früher finster wird und man seinen knapp eineinhalb Kindern, bevor man sie ins Bett steckt, noch ein bisschen Zeit untereinander gönnen möchte. Jedenfalls haben Wiener Pflichtschullehrerinnen ihr Schulhaus um spätestens 18 Uhr zu verlassen. Dann schließt der Pflichtschulwart unseren Arbeitsplatz hinter uns ab. Als Lehrerin hast du nicht einmal einen Schlüssel dazu. Mag sein, dass man uns behördlicherseits das Auf- und Zusperren nicht zutraut – immerhin haben die meisten von uns nie eine Uni besucht, vielleicht verdanken wir diese Regelung auch unserer Gewerkschaft, die der pädagogischen Zwangsarbeit zur nachtschlafenden Zeit rund um die ZiB 1 einen Riegel vorschieben wollte. Möglicherweise steckt aber auch die Kirche dahinter. An den zweieinhalb Tagen des Herrn und den diversen Wochen seines Geborenwerdens, Ablebens, Auferstehens und Himmelfahrens soll auch die ehrgeizigste Lehrerin nicht in Versuchung geraten und einen dann vielleicht sogar freien Computer benutzen wollen.

15 PCs haben wir im Haus, davon 13 für den Informatikunterricht in dem dafür vorgesehenen Zimmer. Die zwei, die dem Besucher selbst beim flüchtigsten Blick ins Lehrerzimmer sofort ins Auge fallen, weil sie einen spontan an die Jahre der ersten Mondlandung erinnern, sind unsere. Angeblich kriegen wir für die zwei alten jetzt dann bald zwei neue. Wie gesagt: *jetzt, dann, bald* – die österreichische Variante von Zeitplanung …

Heute hatte ich in der Klasse Ihres Sohnes „Geschichte". Ihr Sohn nicht. Der war nämlich nicht da. Dabei hat er diesmal wirklich etwas versäumt. Rade, der Sitznachbar Ihres Sohnes, hat gleich am Beginn der Stunde aufgezeigt.

– *Tun wir heute von diesem Mann lernen, der bei einer Messerstecherei gestorben ist, Frau Lehrerin?*
– *?*
– *Na, der vom Asterix.*
– *Ach, du meinst Caesar! Na ja. Eigentlich … aber wenn dich Caesar interessiert, können wir ja schon heute mit den Gallischen Kriegen …*
– *Ich war gestern nämlich auch bei einer Messerstecherei. Ich habe das Video auf dem Handy. Dürfen wir es später …*
– *Rade!*
– *Was ist? Sie sagen immer, wir sollen mitarbeiten.*

Dann die Stundenwiederholung: „Wie wurden im Alten Rom die Soldaten genannt, die in fremden Ländern Kriegsdienst versahen?" Ich hätte vielleicht dazusagen sollen, dass die gefragte Bezeichnung heute noch in Verwendung ist, wahrscheinlich hätte ich sagen sollen, „zum Beispiel im Fußball", dann hätte Ogur vielleicht eh „Legionäre" geantwortet und nicht „Terroristen". Leider wäre Ogurs Antwort auch dann nicht anders ausgefallen, wenn meine Kollegin die Testfrage in seiner Muttersprache gestellt hätte. Diese kann er nämlich noch weniger als Deutsch. Damit steht er in Wien nicht allein da.

– *Sag, Ahmet, deine Mutter hat die Erklärungen zur Hepatitis-Impfung noch immer nicht unterschrieben …*
– *Sie versteht es nicht.*
– *Wieso? Ich habe dir doch das türkische Info-Blatt mitgegeben, oder?*
– *Sie versteht es trotzdem nicht.*
– *Frau Lehrer, er meint, seine Mutter kann nicht gut Türkisch.*
– *Gülden, dich hat keiner gefragt. Ahmet, kann deine Mutter wirklich nicht gut Türkisch?*
– *Kochen schon.*

So. Ende. Denn eben waren Sie bei mir. Ich meine, Lukas' Mutter war bei mir. Eine sehr nette Person, etwas abgehetzt, aber nett, putzt bei zwei Firmen und geht am Abend als Hilfsköchin in die „Schwarze Katze". Aber leider heißt sie Nikolic. Sie hatte sogar ein Foto ihres Sohnes dabei, also nicht Ihres Sohnes, ihres Sohnes, jedenfalls des jungen Mannes, über den ich Ihnen jetzt eine Stunde lang geschrieben habe. Vergessen Sie also, was ich geschrieben habe. Oder nein, vergessen Sie es nicht, vielleicht können Sie den einen oder anderen Tipp daraus ja noch brauchen. Bleibt nur die Frage: Wessen Mutter, Frau Vuko(ce)vic, sind Sie? Gibt es einen zweiten Lukas in der Klasse? Einen, den ich noch nie gesehen habe? Und warum unterschreibt Lukas Nikolic mit Vukovic?

Fragen über Fragen.
Hochachtungsvoll, Elfi G., Klassenvorstand

6 Kevin allein zuhaus

Heute ist Karin Kraml Mutter, TV-Journalistin (Servus TV) und Gastronomin – als Karin Resetarits war sie Mutter, TV-Journalistin (ORF) und fünf Jahre lang EU-Parlamentarierin in Brüssel, anfänglich für die Liste Hans Peter Martin, später für die Fraktion der Europäischen Liberalen. Dort war sie unter anderem für Bildungsfragen zuständig. Ich interviewte die Mutter von inzwischen fünf Kindern unmittelbar vor ihrem Ausstieg aus der Politik (hier ein aktualisierter Auszug):

? Was fällt Karin Resetarits zu PISA ein?
! Ich glaube, dass PISA für die Entwicklung von Schule ganz und gar nicht positiv ist. Und zwar, weil es in ein System, das auf Druck aufgebaut ist, noch mehr Druck hineinbringt. Natürlich ist das auch ein negativer Verdienst der Medien, die aus den Ergebnissen jedes Mal ein nationales Ranking-Spielchen machen nach dem Motto: Wer schlägt wen wie hoch? Dieser dumme Wissens-Contest macht Druck auf die politisch Verantwortlichen, die geben ihn an die Lehrer und Lehrerinnen weiter und diese an die Schüler und Schülerinnen. Aber Faktum ist doch: PISA fragt nur Leis-

tungen ab, kognitive Leistungen. Menschen nur danach zu beurteilen, welche kognitiven Leistungen sie produzieren, finde ich falsch. Gut geschult verlässt man eine Schule heutzutage dann, wenn man gelernt hat, kreativ und vernetzt zu denken, wenn man ein soziales Gewissen entwickelt hat, und nicht zuletzt, wenn man seinen Selbstwert gefunden hat. Wer kein Selbstwertgefühl hat, dem nützt auch alle Bildung nichts.

? Inwiefern ist Brüssel für unser Schulsystem überhaupt zuständig?

! Brüssel ist in diesem Punkt in einer Zwickmühle. Einerseits gibt es diese Lissabon-Ziele. Darin heißt es zum Beispiel, dass Europa „wissensbasiert die stärkste Weltmacht" werden soll. Das Ausbilden einer leistungsfähigen Wissensgesellschaft ist also ein deklariertes EU-Ziel. Andererseits darf die EU keine gemeinsame Bildungspolitik betreiben. Die Bildung ist streng nationalstaatlich, Brüssel hat also gar keine Chance, sich lenkend in die einzelnen Bildungssysteme einzumischen. Viele bedauern das, vor allem jene, für die Schule mehr ist als eine Leistungsschmiede. Nach PISA 2 sind schwedische und englische Waldorf-Lehrerinnen zu mir gekommen und haben geklagt: PISA habe negative Auswirkungen auf ihre nationalen Schulsysteme, man denke nur noch leistungsbezogen, die Lebensqualität junger Menschen habe man dabei völlig aus den Augen verloren. Ich habe daraufhin im EU-Parlament eine Arbeitsgruppe gegründet unter dem Titel „Quality of Childhood". Da kamen sechsmal im Jahr Experten zum Erfahrungsaustausch zusammen. Jesper Juul war zuletzt dabei, der ist Lehrer in Dänemark und einer der bedeutendsten Familientherapeuten Europas. Sein wichtigstes Werk ist „Das kompetente Kind". Seine These: Kinder haben von Anfang an eine eigene Persönlichkeit und sind damit menschlich und sozial kompetente Partner ihrer Eltern. Wir Erwachsene müssen lernen, auch störendes Verhalten in Botschaften zu übersetzen.

? Familien-Coaches als Bildungsexperten?
! Gute Schulpolitik ist auch Familienpolitik. Schulen müssen eben mehr sein als Orte, an denen man Bildung erwirbt. Schulen müssten Orte sein, wo junge Menschen zu Hause sein können, wo sie sich aufgehoben fühlen und dabei all jene Prozesse durchmachen, durch die sie später gefestigte Erwachsene werden. Stattdessen werden sie durch Leistungs-, Noten- und Zeugnisdruck von Jahr zu Jahr unsicherer. Das erfahre ich als Mutter, die bis jetzt drei (Anm: inzwischen fünf) Kinder durch die Schule gebracht hat, hautnah. Ein Beispiel: Mein Paul war ein Jahr auf der Europäischen Schule in Brüssel, das ist eine Schule mit Sprachenschwerpunkt, wo der Unterricht dreisprachig erfolgt: Englisch, Französisch, Deutsch. Paul hat dort mit der Note 8 abgeschlossen, 10 wäre die Bestnote gewesen, Pauls Leistung lag also sozusagen zwischen 1 und 2. Für mich war das ehrlich gesagt kein Wunder, Paul hatte mit mir schon ein halbes Jahr in New York verbracht, er war von klein auf an Englisch gewöhnt. Dann kam er in Wien in die Schule – und dann ruft mich seine Englischlehrerin an und teilt mir mit, dass er in Englisch zwischen 4 und 5 steht. Ich frage mich, wie gibt es das? Dort fast ein „Sehr gut", drei Monate später in der Nähe von „Nicht genügend"? Was für ein Beurteilungssystem liegt dem zugrunde? Mir hat die Lehrerin dann erklärt, er mache seine Aufgaben nicht, und für sie seien die Hausaufgaben die Hälfte der Note. Aber hat das Machen oder Nichtmachen von Hausaufgaben nicht eher etwas mit Disziplin zu tun? Was benote ich hier also:

Englischkenntnisse oder ob ein 15-Jähriger tut, was ihm aufgetragen wird?

? Wäre Disziplin denn nicht so eine soziale Kompetenz abseits vom Wissenserwerb?

! Da geht es aber nicht um das Festigen einer an sich positiven Charaktereigenschaft, sondern um Gehorsam, auch um die Rangordnung. Ich bin der Lehrer, daher schaffe ich an. In Skandinavien, aber auch in den Niederlanden, ist Schule viel demokratischer. Da geht es auch weniger um das Heranziehen von Wissens- und Bildungseliten. Da geht es mehr um das gemeinsame Durchmachen von gesellschaftsrelevanten Prozessen.

? Elitenbildung. Das ist doch ein Schlagwort!

! Mein Sohn Boris hatte einen sehr stringenten Mathe-Professor, diesen haben mehrere Eltern einmal zur Rede gestellt: Ihre Kinder würden dem Unterricht kaum folgen können, bei den Hausübungen seien sie völlig überfordert und so weiter. Die Antwort des Mathe-Lehrers: „Ich mach keinen Förderunterricht." Das muss man sich als Antwort einmal vorstellen: Er fördert im Unterricht nicht. Was sonst sollte ein Lehrer tun? Und dann hat er uns expressis verbis erklärt, er richte sich im Unterricht nach den beiden besten Mathe-Schülern. Wenn die etwas verstanden hätten, gehe er weiter. Er unterrichte elitenorientiert. Da haben wir dieses Wort aus dem Mund des Lehrers: elitenorientiert. In vielen anderen europäischen Ländern ist so etwas denkunmöglich, da sitzen Lehrer im selben Boot wie ihre Schüler. In Belgien werden die Schüler von externen Prüfern geprüft. Da fühlt sich ein guter Lehrer selbstverständlich für alle Schüler und Schülerinnen zuständig. Und es wird nicht ständig separiert und segregiert, also ausgelesen.

? Höre ich da ein Bekenntnis zur gemeinsamen Mittelschule heraus?
! Natürlich. Daran führt kein Weg vorbei, das ist eine Frage der gesellschaftlichen Gerechtigkeit. Ich bin auch für die ganztägige Schule. Und ich bin darüber hinaus für zwölf Jahre Schulpflicht wie in den USA. Mehr Schule, dafür viel weniger Druck, davon würde die Gesellschaft nachhaltig profitieren.
? Zwölf Jahre Schule und das ganztägig – da wird sich die Begeisterung der Beteiligten in Grenzen halten.
! Man darf Schulen natürlich nicht als Schließfächer betrachten, in denen die Kinder aufbewahrt werden, möglichst unauffällig, bis ihre Eltern sie wieder abholen. Das ist weder den Kindern noch den Lehrern zumutbar. Schulen müssen leben. Sport zum Beispiel wird in den Schulen total vernachlässigt, in ganz Europa. Das gilt auch für Kultur. Sport zu betreiben, so intensiv wie möglich, und Kultur zu erleben, so aktiv wie möglich, wäre eine sinnvollere Nachmittagsbeschäftigung als Hausaufgaben zu schreiben. Das kostet natürlich Geld, aber dafür wüssten die Eltern ihre Kinder behütet und versorgt, auch emotional versorgt. Das entspannt, damit verlieren Kinder ihre Rolle als Belastungspakete.
? Lehrer also als Erzieher.
! Als Lebensabschnittsbegleiter. Natürlich mit dem entsprechend hohen gesellschaftlichen Status. Warum müssen Klassenräume Schülerräume sein? In den USA ist das großteils ganz anders, auch in Belgien. Die Klasse gehört den Lehrern und Lehrerinnen, sie ist ihr Arbeitsplatz, sie gestalten den Raum nach ihrem Geschmack, haben dort ihre Computer stehen, den Fernseher, die Schreibtische, die Handbibliothek. Die Schüler verbringen dort auch

nicht ihre Pausen, sie sind es, die pendeln, nicht die Lehrer. Damit werden die Erwachsenen von morgen die Gäste am Arbeitsplatz von Erwachsenen von heute. Der Lehrer, die Lehrerin sind Gastgeber. Das verändert die Perspektive, das wertet sie auf. Man muss ganz allgemein versuchen, Lehrerinnen und Lehrer wieder aufzuwerten. Zufriedene Lehrerinnen und Lehrer bringen den Kindern wahrscheinlich mehr als zehn PISA-Studien.

Weil da jetzt öfter von PISA die Rede war. Zweifellos war PISA die Initialzündung für alle möglichen Entwicklungen: Ohne PISA hätte der Schulpapst[15] nie über den „Talentierten Schüler und seine Feinde" geschrieben, ich nie über den „Engagierten Lehrer und seine Feinde" (das heißt, geschrieben hätte ich es vielleicht schon, aber interessiert hätte es niemanden ☺); Ex-Kanzler Gusenbauer hätte nie eine Nachhilfestunde gegeben (erinnern Sie sich noch?); die AHS-Lehrerinnengewerkschaft wäre nie zur Tea-Party Österreichs mutiert; die Hersteller von Schul-Türschildern hätten sich ein anderes Betätigungsfeld suchen müssen; Hannes Androsch hätte seine zweite Karriere als Bildungsexperte nicht beginnen können; und wir wären auch um ein paar gewichtige Sätze ärmer. Diesen zum Beispiel: „Das österreichische Bildungssystem ist weit davon entfernt, gerecht zu sein. Bei uns herrscht weder Chancengerechtigkeit noch Chancengleichheit. (...) Ich halte es aber für leider nicht reformierbar." Im Nachsatz die Erklärung: „Das lassen in Österreich die politischen Umstände nämlich nicht zu." So expressis verbis Dr. Günter Haider, Österreichs „Mister PISA" und als solcher einer der wenigen, die das Prädikat „Bildungsexperte" auch verdienen.

Bis sich „Chancengerechtigkeit und Chancengleichheit" einstellen (mehr dazu in einem späteren Kapitel), könnte man also (siehe Karin Kraml-Resetarits) wenigstens für zufriedene Lehrerinnen sorgen.

In einem Interview anlässlich des „Dialogikums Niederösterreich" im Sommer 2015 antwortete die bekannte Reformpädagogin Margret Rasfeld (sie ist Direktorin der preisgekrönten evangelischen Schule Berlin und Mitbegründerin der Initiative „Schule im Aufbruch") auf die Frage der Bildungs-Journalistin Ute Brühl nach den Erfolgskriterien für eine gelingende Schule: Wertschätzung für die Lehrer und Lehrerinnen. „Lehrer brauchen Wertschätzung. Und die Möglichkeit, individuelle Wege zu gehen. Und sie brauchen mehr Zeit, die Schule zu organisieren: Lehrer sollten weniger Schüler haben, diese aber länger unterrichten, sodass Beziehung entstehen kann. Was gar nicht geht: Alle im Gleichschritt, marsch!"

Zwar nicht im Gleichschritt, aber im Gleichklang, marschierten jedenfalls Österreichs Bildungsministerinnen der letzten Jahrzehnte. Einen schlanken Fuß machten sie dabei leider alle nicht:

Für Elisabeth Gehrer war Kaiserin Maria Theresia Österreichs letzte große Reformpädagogin. Gehrer kürzte aus Einsparungsgründen die Unterrichtszeit für Schüler – und beraubte damit nicht nur die Lehrerinnenschaft ihrer lukrativen Mehrdienstleistungen (vulgo bezahlte Überstunden), sondern die Kinder ihrer verdienten 30-Stunden-Unterrichtswoche. Heute führt sie von Tirol aus einen Heiligen Krieg für die Erhaltung der AHS-Unterstufe.

Nicht viel glücklicher Claudia Schmied. Bevor die ehemalige Bankerin von ihren Regierungskollegen in das Zwei-Stunden-länger-in-der-Schule-Fettnäpfchen bugsiert wurde, sprach sie sich in ihren Antrittsinterviews die Schule betreffend für die Schaffung von „mehr Leidenschaft" („Österreich"), „mehr Buntheit" („Kurier"), „mehr Freude"(„Furche") und „mehr Vielfalt"

(„Presse") aus. Das Ergebnis war die „Neue Mittelschule". Im „Datum" schrieb ich unmittelbar vor ihrem Ausscheiden aus der Politik im Dezember 2013:

Zu meiner ersten Begegnung mit Claudia Schmied kam es in ihrem Büro. Ihr Pressesprecher Niko Pelinka hatte mich auf ein Gespräch eingeladen. Warum mich? Weil ich vermutlich der einzige bekennende Lehrer war, der sich damals, zu Beginn ihrer Amtszeit, nicht negativ über ihren medial ziemlich missglückt transportierten aber inhaltlich völlig richtigen Lehrerinnen-sollten-zwei-Stunden-länger-in-der-Schule-bleiben-Vorstoß geäußert hatte. Im „Standard" formulierte ich: „Machen wir uns wegen zwei Wochenstunden bitte nicht ins Hemd." Die wütenden Kommentare meiner Kolleginnenschaft ließ ich über mich ergehen – von einem Ex-Direktor wurde mir nahegelegt, den Beruf zu wechseln, wenn ich so gerne freiwillig zwei Stunden länger arbeiten würde –, zum Ausgleich saß ich dafür jetzt in einem Ministerinnenbüro auf einem roten Stilmöbel, einen kleinen Schwarzen in der Hand, und sah meiner Ministerin ins geschliffene Glas. Sie sagte, wie geht's so, ich sagte, eh gut, nach fünf Minuten stellten wir fest, dass wir vom selben Geburtsjahrgang sind, nach zehn Minuten wagte ich die Behauptung, dass sich gstandene Lehrer eines bestimmten Zuschnitts (leider die Standarduniform) für Reformen nie würden begeistern lassen, da könne sie Kopf stehen, weil frag eine Lehrerin oder frag sie nicht, sie wird dir immer sagen, dass früher alles viel besser war, angefangen mit den Kindern.

Ein paar Jahre später in Weiz in der Steiermark. Claudia Schmied ehrte ein halbes Dutzend Preisträgerinnen zum „Kinder- und Jugendbuchpreis 2010", darunter auch mich, ich bat sie spontan um eine Widmung und sie schrieb in mein Bilderbuch: „Kennengelernt beim Bürgerforum, wiedergetroffen bei mir und in Weiz und hoffentlich noch oft."

Hoffentlich noch oft, schrieb sie, und jetzt muss ich schreiben, dass sie ihr Ablaufdatum erreicht hat. Wehen Herzens, denn abgesehen davon, dass ich Claudia Schmied mag, sie wäre die beste Bildungsministerin gewesen, die das Land je hatte. Aber genau das ist auch der Punkt: der Konjunktiv.

Ihre ganze Amtszeit über nur Konjunktive: Die Klassenschülerhöchstzahlen: sollte. Die gemeinsame Schule: müsste. Die gemeinsame Lehrerinnenbildung: könnte. Das Lehrerinnendienstrecht: wäre, wenn man hätte.

Beispiel Neue Mittelschule. Hier sei der erste Schritt Richtung gemeinsame Schule getan worden, wurde sie nicht müde, trotzig zu verkünden, obwohl sie wissen müsste, nein muss, Indikativ, zum Kuckuck, dass die NMS bei Erhalt der AHS-Unterstufe nichts ist als Augenauswischerei. Inzwischen fordert sogar Günter Haider, als Ex-bifie-Chef Ex-Motor ministerieller Reformbestrebungen, den Stopp ihres Ausbaus. Die NMS sei keine gemeinsame Schule und führe nicht zu einer solchen. Leider. Basta. Claudia Schmied hat das Richtige im Sinn gehabt, aber eben leider nur dort, das ist, mit Verlaub, zu wenig. (...)

Ihre Nachfolgerin wurde Gabriele Heinisch-Hosek. Die hatte wenigstens dazugelernt: zumindest insofern, als sie nicht von Buntheit und Vielfalt sprach. Davon haben die meisten Lehrerinnen inzwischen nämlich mehr als genug, um nicht zu sagen: die Nase voll. Zumal sie es ausbaden, dass die vermeintliche Vielfalt gegen die grassierende Einfalt offenbar chancenlos ist. Im Gegenteil: „Jeder fünfte Schüler versteht nicht, was der Lehrer sagt", titelte eine dieser Zeitungen, die sie einem vor Wiener U-Bahn-Stationen so lange entgegenstrecken, bis man hingreift. Im Artikel die rhetorische Frage, wohin es führen werde, wenn in den Klassen inzwischen Kinder säßen, von denen „jedes fünfte dem Unterricht nicht mehr folgen" könne. Da drängt sich der

gemeinen Wiener Pflichtschullehrerin spontan die Gegenfrage auf: Wo sitzen die anderen vier? Im „bewährten Gymnasium" nämlich auch nicht. Zumindest nicht in Wien.
In Wien sitzt dort mittlerweile Sabrina:

- *Sabrina, wie ich sehe, hast du in Physik keine Ahnung von Tuten und Blasen.*
- *Von dem zweiten – hihi – schon.*
- *Laurin, dich hat keiner gefragt.*
- *Ja, Frau Professor.*
- *Und spuck außerdem den Kaugummi aus!*
- *Welchen Kaugummi?*
- *Den in deinem Mund.*
- *Ah so, den.*
- *Sabrina, willst du in Magnetismus nicht doch noch einmal geprüft werden, sonst droht dir im Semester ein „Nicht genügend"?*
- *Wo wollen Sie mich prüfen? Warum nicht in der Klasse?*
- *Ich verstehe.*
  Dann erzähl uns einmal, was vom Lehrausgang ins Technische Museum hängengeblieben ist.
- *?*
- *Wir haben doch letzte Woche die Ausstellung „Spurwechsel" besucht. Darin ging es um die Konfliktgeschichte des Fahrzeugs in der Stadt.*
- *Meinen Sie das mit den alten Autos?*
- *Sabrina, jetzt reicht's. Nicht genügend!*
- *Auch gut, dann lern ich in Zukunft halt gar nix mehr.*

Oder, Szenenwechsel. Als irgendwann im Fernsehen eine Doku über die Wiener Großfeldsiedlung lief, erkannte eine Kollegin unter den dort interviewten Leuten ihren 13-jährigen Schüler.

Obwohl die Aufnahmen am Vormittag gemacht wurden und der junge Mann zu dieser Zeit in der Schule hätte sein müssen, war er um launige Antworten nicht verlegen. Was sich sinngemäß etwa so anhörte:

– *Du, wie alt bist du denn?*
– *Dr... v... fünfzehn.*
– *Hast du heute schulfrei?*
– *...*
– *Also sag, warum bist du denn jetzt nicht in der Schule?*
– *Schule is oasch.*
– *Aha. Und was tust du hier so?*
– *Tun? Na nix.*
– *Ich meine, triffst du hier deine Freunde?*
– *Ja, auch.*
– *Und was tut ihr dann so?*
– *Nix eben. Abhängen.*
– *Abhängen? Was meinst du mit abhängen?*
– *Chillen halt.*

Dem Auftritt wäre ja durchaus Positives abzugewinnen gewesen: kurze und prägnante Antworten, die den Schluss zulassen, dass der Bub den Sinn der jeweiligen Frage verstanden hat. Und das in einer Stresssituation. Das heißt: Für seine Lehrerin war es eine Stresssituation, als sie ihren Schüler sah. Sie stellte ihn am nächsten Tag zur Rede:

– *Ich habe dich gestern im Fernsehen gesehen. Wenn ich das richtig sehe, hast du also Schule geschwänzt.*
– *Wieso geschwänzt? Ich war krank.*
– *Auf mich hast du aber ziemlich gesund gewirkt.*
– *Auf Sie wirken immer alle gesund. Außerdem, was soll ich*

machen, wenn das Fernsehen kommt? Die waren sogar bei uns in der Wohnung, aber das hat man nicht gesehen.
— *Was sagt eigentlich deine Mutter dazu, dass du am Vormittag Schule schwänzt?*
— *Wer?*

Lehrerinnen verbringen statistisch betrachtet rund 900 Stunden pro Jahr mit ihren Schülern. Deren Mütter und Väter können das nicht von sich behaupten. Jeder zehnte Pflichtschüler, der voll berufstätige Eltern hat, ist am Nachmittag „unbetreut". Das ergeben Studien der Arbeiterkammer seit Jahren in regelmäßiger Wiederholung. Rund 40 Prozent der Kinder werden demnach „privat betreut", vor allem von den Großeltern. Für zwei von zehn Kindern gibt es eine Mischform aus privater Betreuung und zeitweiser Betreuung (etwa in einem Hort). Aber selbst dort, wo prinzipiell eine Betreuung für die Kinder existiert, kommt es zu Lücken. Jeder dritte/jede dritte Zehn- und Elfjährige ist an den Nachmittagen „manchmal allein"; 15 Prozent der Acht- und Neunjährigen; und fünf Prozent der Fünf- bis Siebenjährigen!

Mutterbild und Vaterbild haben sich in den letzten Jahrzehnten jedenfalls dramatisch verändert – mit unübersehbaren Folgen für die Schule und die darin arbeitenden Lehrerinnen. Wer jetzt glaubt, ich rede vom „neuen Mann", der Haushalt und Kinder schaukelt, während und damit frau die Karriereleiter hinaufsteigen kann, verkennt die Realität. Es sind nach wie vor die Mamis, die neben Haushalt und Job auch noch das Schulleben ihrer Kinder schaukeln. Und es sind nach wie vor die Papis, die du als Lehrerin nur ausnahmsweise zu sehen kriegst. Fraglos geht die völlige Unterwerfung unserer Gesellschaft unter die Logik des Erwerbssystems vor allem einmal auf Kosten der Kinder.

- *Und? Was werdet ihr zu Ostern unternehmen? Ich meine außer Fernsehen und am PC. Niemand? Macht ihr alle – nichts? Jennifer, du zum Beispiel. Deine Mutter hat mir in der Sprechstunde erzählt, dass ihr jetzt ein neues Auto habt. Da werdet ihr ja vielleicht über die Feiertage irgendwo hinfahren.*
- *Meine Mutter muss arbeiten. Aber ich kann sie eh oft anrufen.*
- *Anrufen? Wie kommst du jetzt auf anrufen?*
- *Im Callcenter, wo sie jetzt arbeitet.*
- *Deine Mutter arbeitet jetzt in einem Callcenter? Und das während der Feiertage?*
- *Sie sagt, sie muss, sonst können wir das Auto gleich wieder verkaufen.*

Wehe, du kritisierst als Lehrerin eine solche Entwicklung! Anlässlich eines nahenden Muttertags polemisierte ich in einem Gastkommentar im „Standard"[16] zu einem davor erschienenen Gastkommentar der von mir überaus geschätzten Journalistin und Buchautorin Sibylle Hamann[17] unter dem Titel „Miese Mütter". Was musste ich danach verbale Kinnhaken, Schläge unter die Gürtellinie und andere Verbalinjurien (in Form von Leserinnen-Mails und -Briefen) dafür einstecken. „Glattauer, du Neandertaler!" gehörte noch zu den vergleichsweise lobenden Reaktionen. Was ich kritisierte, war: Job geht heute leider vor Kind. Mittlerweile auch bei den Müttern. Und zum Nachteil der Kinder. Wörtlich schrieb ich:

Es ist doch so: Man kommt am Abend entweder nicht nach Hause, weil man noch arbeiten will, oder man geht nach Hause, weil man nach Hause gehen will. Entscheidungen wie diese kann in der Regel jedermann treffen. Das ist eine Frage der Wertigkeit.

Aus. Aber glaubt einer im Ernst, Frauen verhalten oder (Konjunktiv) verhielten sich im umgekehrten Fall anders als Männer? All das Gesülze von der angestrebten Rollengleichheit in der Kinderbetreuung hat doch vor allem einen Zweck: den Rollentausch. Nach den Männern – und am liebsten statt diesen – wollen jetzt endlich auch die Frauen ihre Kinder mit gesellschaftlichem Sanktus vernachlässigen dürfen. (Den ganzen Text, quasi im Director's Cut, finden Sie im Anhang auf Seite 202.)

Mir ging es dabei natürlich nicht darum, den berechtigten Anspruch der Frauen auf selbst verdientes Geld und eine menschenwürdige Performance in einem männerdominierten Erwerbssystem zu kritisieren. Mir ging es um die allein gelassenen Kinder, und da rede ich weniger von jenen, mit denen ich es an meiner „Ausländer"-Schule zu tun habe, nein, ich spreche von den seelischen Baustellen an den vielen Schulen landauf, landab, Schulen mit blonden, blauäugigen Kindern, und Eltern, die kaum noch Zeit für sie haben. Und in der wenig vorhandenen Zeit dann die Nerven nicht haben, um ihren Job als Eltern zufriedenstellend erledigen zu können.

Psychologen und Soziologen nennen das, was daraus resultiert, die „emotionale Eiszeit zwischen den Generationen". Eine Kollegin formulierte das so: „Da wächst eine Generation von Kindern heran, denen man das Gefühl gibt, das Wichtigste an ihnen sei ihr Betreuungsplatz."

Prof. Horst W. Opaschowski war viele Jahre lang wissenschaftlicher Leiter der „BAT-Stiftung für Zukunftsfragen". Er untermauerte die Theorie von der „emotionalen Eiszeit zwischen den Generationen" mit Zahlen. In Deutschland wollen bereits 43 Prozent aller Männer zwischen 18 und 39 keine Familie mehr gründen. Die am häufigsten genannte Begründung: „Meine persönlichen Freizeitinteressen sind mir wichtiger als Ehe und Kinder." Der

Anteil der Bevölkerung, der „Kinderfeindlichkeit als größte Zukunftssorge" bezeichnet, habe sich in den letzten acht Jahren fast verdoppelt (1999: 22 Prozent; 2003: 33 Prozent; 2007: 40 Prozent). Dies gehe aus Repräsentativumfragen hervor, in denen jeweils 2000 Personen ab 14 Jahren nach ihren Zukunftssorgen – Sorgen! – befragt wurden. Prof. Opaschowski warnt: „Eine Eiszeit in den mitmenschlichen Beziehungen können wir uns nicht leisten. Wir brauchen eine Verantwortungsgesellschaft, in der man wieder mehr Verantwortung füreinander trägt." Die sich in den letzten Jahren häufenden Fälle von Verwahrlosung von Kindern stellen nach Ansicht des Zukunftsforschers keine zufällige Augenblicksaufnahme dar: „Die Vorgänge deuten auf einen grundlegenden sozialen Klimawandel hin. Kinderfreundlichkeit und menschliche Wärme gehen in kinderarmen Zeiten zusehends verloren."

Als Lehrerin siehst du die Reste menschlicher Wärme vor deinen Augen verpuffen. Und manchmal kannst du dazu nur noch lachen:

Ein heißer Sommertag. Milan bietet sich an, die Fenster der Klasse zu öffnen. Er fragt, nachdem er aufgezeigt hat. Das allein ist so auffällig, dass das Gemurmel in der Klasse verstummt.

- *Wie meinst du das, Milan? Wie du siehst, sind die Fenster eh alle gekippt.*
- *Ich kann sie ganz aufmachen.*
- *Das geht nicht. Du weißt, die Fenster dürfen bei uns nur gekippt werden, und darum kann man auch gar nichts anderes mit ihnen machen, als sie zu kippen. Leider.*

Als Antwort streckt Milan ein glitzerndes Ding in die Höhe.

- *Wo hast du denn das her, Milan?*
- *Von meiner Mutter.*

- Aha. Und wozu verwendet deine Mutter so etwas?
- Manchmal macht sie damit die Wohnung von der Oma auf.
 Nachschauen, ob der Opa schon tot ist.

7 Mieser als Pisa

Weil in den vorigen Kapiteln mehrmals von PISA die Rede war: Fast hätte man meinen mögen, dieser Kelch werde in Zukunft an Österreich vorübergehen. Frau Ministerin Heinisch-Hosek war noch nicht lange Ministerin gewesen, da geriet das „bifie" (Bundesinstitut für Bildungsforschung, Innovation & Entwicklung) mehrmals hintereinander grob in Misskredit. Nach internen Ungereimtheiten sowie öffentlichen Pannen – vor allem bei der Zentralmatura, aber auch bei der Erstellung des sogenannten Wiener Lesetests – wurden gleich drei bifie-Direktoren hintereinander „gegangen". Am Höhepunkt der bifie-Krise verordnete Ex-Ministerin H. H. offiziell eine PISA-Pause, und Wiens damalige Stadtschulratspräsidentin Susanne Brandsteidl – nach der Wien-Wahl eher unschön gegangen worden – kündigte dem bifie die Organisation des Wiener Lesetests auf. Der NMS-Lehrer und Bezirksrat der Grünen in Wien, Wolfgang Krisch, hatte im Gemeinderat angefragt, was in einem *Wiener* Lesetest an mehreren Stellen der „Metzger" zu suchen habe. Ein anderer Text würde detaillierte Topografiekenntnisse Norddeutschlands voraussetzen, andernfalls nämlich Fragen zu einen Bericht über Bergwetter von heimischen Schülerinnen nur durch Raten beantwortet werden könnten. Usw. In meiner „Kurier"-Kolumne[18], hier durch ein paar Sätze ergänzt, die im Original der Kürzung zum Opfer fielen, las sich das so:

Lustig jetzt, wie man seinerzeit die „besonderen Stärken" des „Wiener Lesetests" beworben hat, u. a. so: „Er erfasst die Lesefähigkeiten der Wiener Schülerinnen und Schüler genau und individuell." Am individuellsten, wie sich jetzt herausstellt (siehe oben), wenn du z. B. Carsten geheißen und aus sagen wir Köln gewesen bist. Der „Wiener Lesetest" war nämlich ein deutscher Lesetest. Die gute Nachricht: Er ist Vergangenheit. „In dieser Form wird es den Wiener Lesetest nicht mehr geben", heißt es im Wiener Stadtschulrat.

Gut so. Wiener Kinder müssen also nicht mehr an ihrer „Lesekompetenz" zweifeln, nur weil sie nicht wissen, was ein Metzger ist, und jetzt hoffe ich nur, dass meine Präsidentin das Heinisch-Hosek'sche Hölzel von der PISA-Pause aufnimmt und den Lesetest zumindest mittelfristig ganz kübelt. Ein kleiner Schritt für eine Präsidentin, aber ein großer im Kampf gegen die grassierende Testitis ...

Und weil ich gerade vom „Kübeln" rede und vorher den Ausdruck „Lesekompetenz" gebraucht habe. Hier ein paar Sätze des Schriftstellers und Germanisten Egyd Gstättner aus der letzten Ausgabe meiner Gewerkschaftszeitung, die mich, wie ich zugebe, in freudige Erregung versetzt haben. Titel: „Ich qualitätssichere nicht, ich arbeite ..." Aus dem Inhalt: „Ich bin eines der letzten Lebewesen auf diesem Planeten ohne Qualitätsmanagement – und das mit voller Absicht. Ich evaluiere nicht, und ich sitze auch niemals in Sitzungen oder Konferenzen. Alle Menschen, die ich kenne und die das tun (müssen), jammern mir vor, wie unglücklich sie das macht. (...) Vor lauter Tätigkeitsbeschreibungen kommen die Menschen nicht mehr zu Tätigkeiten, geschweige denn zur Tat. Vor lauter Evaluieren und Dokumentieren kommen die Pflegerinnen und Pfleger nicht mehr zum Pflegen, die Lehrer nicht mehr zum Lehren, die Ärzte nicht mehr zum Behandeln, die Wissenschaftler nicht mehr zum Forschen, die Dienstleister nicht mehr zum Dienstleisten. Die Katholiken nicht mehr zur Nächstenliebe, die Sozialisten nicht mehr zum Sozialsein. (...) Alle stöhnen, alle füllen unablässig irgendwelche elendslangen kleingedruckten Listen und Fragebögen aus, die kein Mensch jemals lesen wird. All diese stumpfsinnigen (Kompetenzsicherungs-)Listen und (Qualitätssicherungs-)Fragebögen füllen sie im Namen einer mystischen Pseudoobjektivierung aus (...). Noch nie war in sämtlichen Bereichen des öffentlichen Lebens so oft und so penetrant von ‚Qualität' und ‚Kompetenz' die Rede, während Qualität und Kompetenz überall dramatisch nachlassen! (...)"

Danach rief ich dazu auf, das pädagogische Un-Wort des damals gerade ausklingenden Schuljahres zu finden. Fünf schlug ich vor: a) Lesetest b) Qualitätssicherung c) kompetenzorientiert d) Bildungsexperte und e) Zentralmatura. Wenn Sie wissen wollen, wie mein kleines Leserinnenvoting ausging:[19]
 PISA hatte ich damals nicht in die Liste genommen – wie gesagt in der Annahme, es sei geschmolzener Schnee von gestern. Denn wie oben angemerkt: Alles deutete darauf hin, dass sich das offizielle Österreich meinem in Buchform erschienenen PISA-Befund anschließen würde („Die PISA-Lüge", 2011, Ueberreuter) und PISA PISA sein lassen würde. Leider nein. Ministerin H. H. hatte Österreichs Rückzug von den „Sado-Maso-Festspielen von PISA" (© Fritz Enzenhofer – der oberösterreichische Landesschulratspräsident gebrauchte diese Formulierung anlässlich des Landeslehrertags 2010 im November in Linz) zwar halboffiziell bereits verkündet, dann aber wieder den Rückzieher vom

Rückzug gemacht. Bei PISA 2015 war Österreich – verspätet, aber doch – brav wieder dabei.

Ich halte trotzdem fest: Als Befund dafür, wie Österreich in Hinsicht auf Ausbildung und Bildung seiner Jugend tatsächlich aufgestellt ist, ist PISA so geeignet wie die Jahresplanung der Lehrerin für den Ablauf des Unterrichtsjahres oder die schriftliche Unterrichtsvorbereitung für das Gelingen der Musikstunde in der neunten UE nach Turn… „Bewegung und Sport". Für Nichtlehrerinnen: völlig ungeeignet!

PISA vergleicht Äpfel mit Birnen (was man freilich darf, Ähnlichkeiten wird man halt nicht viele finden). Stefan Hopmann, Professor am Institut für Philosophie und Bildungswissenschaften der Uni Wien, nennt PISA gar eine „Krisenmaximierungsmaschine". Der Bildungswissenschaftler: „PISA war von vornherein als Politik gedacht und nicht als Forschung. Jedes Land bekommt sein Problem. So will die OECD die Länder auf Trab halten. Und das funktioniert auch. Bloß: Aus Sicht der Forschung ist das vollkommener Humbug. Ich bekomme keine Aussage darüber, was die Kinder wirklich können."

Aber was ist nun PISA? Beginnen wir vielleicht so: Pisa ist die Hauptstadt der Provinz Pisa in der Toskana und hat rund 90.000 Einwohner. Ihr Wahrzeichen ist der sogenannte Schiefe Turm mit dem eigentlichen Namen Campanile. PISA hingegen ist aus den Anfangsbuchstaben des OECD-Leistungsvergleichsprogramms „Programme for International Student Assessment" zusammengesetzt und hat mit der norditalienischen Stadt so viel gemeinsam wie Paris Hilton mit der Hauptstadt Frankreichs. Offizielles Ziel des PISA-Programms ist es, „durch die Analyse der Ergebnisse die Qualität von Schulsystemen zu beleuchten und deren Eignung, SchülerInnen auf die Herausforderungen der Zukunft vorzubereiten". Davon unabhängig gibt es auch nationale Ziele. Für die meisten Länder mit dem Zweck, die bereits angesprochene Chancengerechtigkeit und Chancengleichheit im Lande zu heben. Unser Ziel scheint es zu sein, zumindest Deutschland zu schlagen ☺ (mehr über PISA hier[20]).

Leider schlagen wir inzwischen nicht nur Deutschland nicht mehr (das gelang nur im Test zur allerersten PISA-Studie im Jahr 2000, dann hat Deutschland reagiert), wir müssen inzwischen noch froh sein, wenn wir Länder in der Liga Montenegro und Albanien hinter uns lassen. Und wenn ich „wir" sage, dann meine ich tatsächlich uns Lehrerinnen. Denn den „schwarzen Peter", oder sollte man sagen, den „schwarzen Andreas" haben seit PISA wir Lehrerinnen.

- *Was sagst du zum Schulpapst?*
- *Zu was?*
- *Na, zum Herrn Bildungsexperten, der uns immer sagt, wie's geht, obwohl er selber noch nie in einer Schulklasse gestanden ist, jedenfalls nicht als Lehrer.*
- *Ah den.*
  Was hat er denn gesagt?
- *Dass er weiß, wer für das PISA-Debakel verantwortlich ist.*
- *Aha?*
- *Und wer?*
- *Die Lehrer natürlich. Wörtlich hat er gesagt, dass an den Schulen zu viel und zu schlecht unterrichtet wird.*

Fraglos hat sich für die Lehrerin mit PISA eine unangenehme Südfront aufgetan – zumal mit unbekanntem Verlauf. Umso gespannter ist sie, wenn ihr ein authentischer Lagebericht ins Haus steht. Voller Spannung blätterte daher auch ich eines Tages zu dem schon auf der Titelseite der Gratiszeitung groß angekündigten Interview mit einer PISA-Aktivistin. Tatsächlich kam dort Sonja, 17, aus St. Pölten zu Wort. Leider verschoss sie ihr ganzes Pulver schon im Titel: „Ich war eine PISA-Testperson!", denn gleich darunter schon das Eingeständnis: An die genauen Beispiele könne sie sich zwar nicht mehr erinnern, aber wenn man sie so frage, würde sie sagen: „Die PISA-Fragen sind eh leicht gewesen, sie waren nur urblöd gestellt." Ein Ansatz, der für unsereiner nicht überraschend kommt:

- *So, Freundinnen, heute kommt eine Dame oder ein Herr und testet euch für PISA.*
- *Für was?*
- *Für PISA. Darüber haben wir gestern zwei Stunden lang gesprochen.*
- *Ah so, das. Und haben sie jetzt gesagt, dass wir dafür eine Note kriegen oder nicht?*
- *Nein, ihr könnt beruhigt sein. Man will, wie gesagt, nur wissen, was ihr …*
- *Und wenn wir das fertig haben, gehen wir Fußball spielen?*
- *Kevin, sei kusch! Scheiß Fußballspielen immer!*
- *Jessica, zeig auf, wenn du etwas sagen willst. Nein, René, Fußballspielen wird für PISA nicht getestet.*
- *Und was wird getestet?*
- *Zum Beispiel, ob ihr sinnerfassend lesen könnt.*
- *Sinnfavass… sinnWAS?*
- *Macht einfach, was der Mann sagt, der dann kommt. Oder die Frau.*
- *Und wenn wir sie nicht verstehen?*
- *Dann macht das, was auf der Anweisung steht.*
- *Hab ich's ja gewusst: Lesen schon wieder …*

Erzählt von der Lehrerin an einer Berufsbildenden mittleren Schule (BMS) im Bezirk Neusiedl im Burgenland anlässlich einer meiner „Leider hat Lukas …"-Lesungen. An nicht wenigen österreichischen Schulen laufen die PISA-Testungen genau nach diesem Muster ab. Wundert es da, dass wir von den anderen regelmäßig „geschnupft" werden?

Zuletzt waren Finnland, Estland, Südtirol, die Schweiz, die Niederlande und Polen die großen europäischen Gewinner im Bildungs-Songcontest, die wahren Sieger heißen jedoch Südkorea, Japan, Singapur und Shanghai. Shanghai, die 20-Millionen-Stadt an der Ostküste Chinas, landete z. B. 2012 in allen (!) Kategorien an der ersten Stelle, in Mathematik sogar mit dem maximal erreichbaren Spitzenwert von mehr als 600 Punkten. In der Analyse zu den Mathematik-Ergebnissen aus dem „Reich der Spitze" hieß es später: „Mehr als ein Viertel der 15-Jährigen demonstrierte fortgeschrittene mathematische Denkfähigkeiten zur Lösung komplexer Probleme. In OECD-Staaten konnten durchschnittlich nur 3 Prozent diese Fähigkeiten vorweisen." Österreich, das hier nebenbei, erzielte in Mathematik tapfere 506 Punkte. Das entspricht einem Abstand von fast zwei Lernjahren ...

Scheinwerfer also auf Shanghai. Dort lernte mein damals 16-jähriger Neffe Xiangxiang, nein, nicht für das Leben – für die diversen Prüfungen an der Privatschule lernte er. Und zwar mehr oder weniger ohne Unterbrechung. Und wenn er einmal unterbrach, zum Beispiel weil der Samstagabend hereingebrochen war und seine Eltern darauf Wert legten, dass er beim gemeinsamen Essen wenigstens einmal auch am Tisch saß, solange Tante Zhuofeng und Onkel Niki aus Áodílí zu Besuch waren, dann fehlten ihm sämtliche Worte. Sein Vater begann die Konversation aus Rücksicht auf die verschwägerte Langnase am Tisch auf Englisch.

– *Xiangxiang – legst du bitte die Konsole aus der Hand. Sonst wird die Suppe kalt.*
– ---

- (Nach fünf Minuten) *Xiangxiang, iss wenigstens deine Suppe, wenn du schon nicht mit uns sprichst. Willst du denn Tante Zhuofeng nichts über Österreich fragen? Du kannst natürlich auch Onkel Niki fragen.*
- ---
- (Nach fünf Minuten) *Jetzt sprich doch ein paar Worte mit uns! Und iss endlich deine Suppe!*
- ---
- (Nach weiteren fünf Minuten) *Xiangxiang. Schluss jetzt! Du legst die Spielkonsole auf die Seite und isst deine Suppe!*
- (Xiangxiang schiebt vorsichtig die Konsole hinter den Suppenteller, ohne sein Spiel zu unterbrechen, mit der anderen führt er einen Löffel Suppe zum Mund) *Wäh, die esse ich nicht – die ist ja kalt!*

Um Missverständnisse zu vermeiden: Wir mögen Xiangxiang. So sehr, dass sich meine Frau damals des Öfteren gezwungen sah, seinetwegen ein ernstes Wort mit ihrer Stammfamilie zu skypen:

- *Vielleicht sollte man Xiangxiang für eine Zeit aus der Schule nehmen. Ihr sagt ja selber, er ist überfordert.*
- *Nicht überfordert. Nur zu dick. Er hat jetzt genau 121 Kilo.*
- *Eben. Das hat doch seinen Grund. Du sagst selber, er ist dauernd krank, und wenn er gesund ist, redet er mit niemandem. Und glücklich ausgschaut hat er übrigens auch nicht, als wir bei euch waren.*
- *Was heißt, er hat nicht glücklich ausgschaut. Wir schauen nicht glücklich aus. Xiangxiang wird in vier Fächern keinen positiven Abschluss bekommen …*
- *Eben, gönnt ihm eine Auszeit, schickt ihn für ein paar Monate zu uns nach Wien und lasst ihn nächstes Jahr wiederholen!*

Zwei Tage später meldete sich der chinesische Schwager sinngemäß so bei uns: Okay, zehn Tage Wien, mehr gehe sich nicht aus, denn vorher habe der missratene Filius sein Sprachcamp in Kanada und dann sei die Schachmeisterschaft, außerdem sei er für den Deutschkurs am Goethe-Institut angemeldet worden, und wenn er schon in Wien sei, könnte man ihm vielleicht ein bisschen Rom, Paris, London und Moskau zeigen, Moskau wäre ganz wichtig, damit er an der Struktur einer slawischen Sprache schnuppern könne usw. usf.

Umständehalber kenne ich also die Zustände, unter denen in Shanghai zur Schule gegangen wird. Da ist, wenn aus PISA der kalte Wind kommt, jeder warm angezogen, und zwar ohne erst den Himmel groß nach Wolken absuchen zu müssen, die Lehrerinnen und die Schüler sowieso, aber auch deren Mütter, Väter, Großmütter, Großväter, Tanten mütterlicherseits, Tanten väterlicherseits und so weiter. In Shanghai werden ein paar Tausend Schülerinnen und Schüler auf PISA hin trainiert wie bei uns die Sängerknaben auf die China-Tournee.

Aber nicht nur, dass sich die nationalen Umstände nicht vergleichen lassen, unter denen die Ergebnisse entstehen, mit welchen dann die Medien ihre Contests abhalten, offensichtlich werden auch die Testpersonen nach unterschiedlichen Maßstäben ausgewählt. In den meisten Teilnehmerländern stehen 15-Jährige, wie sie als Testpersonen infrage kommen, nämlich vor ihren ersten Gipfelsiegen beim Klettern im Hochleistungsgebirge: In Shanghai besuchen sie gerade die letzte Klasse, bevor ihre Punkte darüber entscheiden, ob sie „nur" diplomierter Krankenpfleger oder doch Militärkommandantin, Chemienobelpreisträgerin oder Tischtennisweltmeister werden dürfen. 99 Prozent der Absolventen einer unteren Mittelschule wechseln dann auf die obere Mittelschule und 81,7 Prozent der Absolventen einer oberen Mittelschule später auf die Hochschule. In Finnland befinden sie sich zu diesem Zeitpunkt in der für den Aufstieg in die schulische Champions League vorentscheidenden vorletzten Klasse einer qualitativ höchstwertigen Gesamtschule. In Polen (in den Naturwissenschaften 20 Punkte vor Österreich, im Lesen fast 30) schließen sie gerade das dreijährige „Gimnazjum für alle" ab – so eines, wie es die frühere Wissenschaftsministerin Beatrix Karl propagiert hatte, bevor man sie auf Parteilinie brachte und, ehe sie Schlimmeres anrichten konnte, zur Justizministerin machte.

Nicht so in Österreich: Hier setzt sich die PISA-Klientel, der Trennlinie zwischen AHS und Hauptschule entsprechend, zu circa 60 Prozent aus Haupt- und BMS-Schülern, Berufsschülern, Sitzenbleibern und Sonderschülern zusammen. 40 Prozent kommen aus den ersten Oberstufenklassen von Gymnasien sowie BHS, in denen Angaben des eigenen Personals zufolge zu 50 Prozent die „falschen Kinder" sitzen. Nicht, dass es einen besonderen Grund dafür gäbe, das „duale Ausbildungssystem" (Berufsschule und Lehrplatz als Parallelveranstaltung) als solches infrage zu stellen, im Gegenteil, international rettet dieser Modus vivendi Österreichs Reputation, aber der zukünftige Betonfertiger an der für ihn zuständigen Berufsschule hat gerade mal eine gefühlte halbe Wochenstunde Deutsch im Monat, wenn der lästige Mann aus PISA kommt, um ihn mit „Macondo" zu nerven. In einem Expertenbericht des bifie mit dem Titel „Die Grundkompetenzen Deutsch und Mathematik in den Berufsschulen und Berufsbildenden mittleren Schulen" heißt es:

„Auffallend auf den ersten Blick scheint die Angabe von 14 Prozent der BS-Schüler/innen zu sein, keinen Unterricht in Deutsch (und Kommunikation) zu haben. Diese Tatsache erklärt sich dadurch, dass in manchen Berufsschulen ein regulärer Deutschunterricht erst ab der 2. Lehrgangsklasse stattfindet. Der

Lehrplan bietet aber für Schüler/innen die Möglichkeit, Deutsch im Rahmen eines Freigegenstandes zu besuchen."

In Südkorea, Japan und Shanghai hat man es mit Schulen und Klassen zu tun, in denen die Schüler beim Austeilen der Testbögen die Nationalhymne singen, und bei uns mit solchen, die „die Möglichkeit haben, Deutsch im Rahmen eines Freigegenstandes zu besuchen".

Aber es kommt noch besser beim Vergleichen von Äpfeln mit Birnen. Auf Wikipedia fand sich zu PISA eine Eintragung, die ich zweimal lesen musste, um sie noch immer nicht glauben zu können:

„Ein am Fall Österreich virulent gewordenes technisch-statistisches Problem scheint indes weiterhin ungelöst zu sein, denn PISA wird in den einzelnen Ländern nach wie vor nicht nach einheitlichen Kriterien durchgeführt. (…) Für PISA 2009 wurden in Tirol etwa an der Hauptschule Neustift ausschließlich drei Schüler mit Migrationshintergrund ausgelost, die keine reguläre Schullaufbahn hinter sich haben, erst seit wenigen Jahren in Österreich leben und mit 16 Jahren auch nicht der target population (= Zielgruppe) anzugehören scheinen." Folgte man dieser Spur, gelangte man zu einem Artikel in der „Tiroler Tageszeitung", Sonntags-Ausgabe vom 10. Mai 2009, Nr. 128, mit dem Titel: „Und dann sind wieder die Lehrer schuld". Der Text der Redakteurin Michaela Spirk-Paulmichl beginnt im Vorspann so: „Der PISA-Test sorgt wieder einmal für Kopfschütteln: An der Hauptschule Neustift wurden nur die Leistungen von drei Schülern mit Migrationshintergrund, die zu den Schwächsten gehören, überprüft. Jetzt wird die ganze Studie infrage gestellt." Und setzt dann mit einer Beschwerde des Direktors fort: Von einem Boykott des PISA-Tests wie an anderen Schulen sei im Stubaital keine Rede gewesen, im Gegenteil. „Wir freuten uns sogar darauf", erzählt Direktor Friedl Klingenschmid. „Das Niveau an der Landhauptschule mit den 273 Schülern ist hoch …", aber dann … Ende des Artikels. Wüssten Sie gern mehr? Versuchen Sie einmal, den Artikel zu finden. Spurlos verschwunden!

8 Von Tigermüttern & Bildungserben

Weil ja in Österreich verlässlich jedes Jahr ein Mal der Winter kommt (und dann gefühltermaßen bis zum Hochsommer nicht mehr weggeht): Als Wiener Pflichtschullehrerin hast du zum Thema Skifahren nicht mehr viel zu sagen: Ostösterreichs Eltern haben den Skisport abgewählt. Laut „Sportreport 2015" gehen nicht einmal mehr drei von zehn Österreichern zumindest „gelegentlich" Skifahren, nämlich 28 Prozent, die Zahl der „im Winter mindestens ein Mal pro Woche" Skifahren Gehenden ist innerhalb von 30 Jahren (von 1987 bis 2015) von 13 Prozent auf schlappe vier Prozent gestürzt. Im „Falter"[21] legten die Journalistinnen Barbara Tóth und Thomas Rottenberg dem nüchternen Sachverhalt folgende Erklärungskette an: Mitte der 90er-Jahre habe man, dem Sparzwang der Regierung folgend, die verpflichtenden Schulskikurse abgeschafft. Kinder aus dem östlichen Flachland, die damals dann eben nicht mehr Skifahren gelernt hätten, wären dann Eltern geworden und hätten ihre fehlende Ski-DNA an die eigenen Kinder vererbt. Diese Kinder säßen heute in den Schulen Wiens und anderer Städte in Tallagen wie Graz oder Linz neben den Kindern von Zuwanderern verschiedenster Herkunft, Kultur und Religion, die aber alle eines gemeinsam hätten: Für all diese alt- und neuösterreichischen Flachlandindianer seien „Schnee und Sport ein Widerspruch, nicht Faszination".

Wohl nicht falsch analysiert. Skifahren kratzt östlich der Alpen genau niemanden mehr, vor allem keinen deiner Schüler. Da kann Marcel noch so oft den Weltcup gewinnen, als Wiener Lehrerin stellst du Ski und Skianzug am besten in die Vitrine, gleich neben das Skelett des Langhalssauriers. Das Preisschild darauf nicht vergessen, denn das kommt noch dazu: Das Skifahren kann man sich südlich einer gewissen Einkommensgrenze auch gar nicht mehr leisten.

Dem Magazin „biber" war der Umstand des skiblanken Nachwuchses sogar einmal eine Titelgeschichte wert: „Ski heil, Avusturya". Der Artikel der Redakteurin Monika Bratić begann mit dem Hinweis auf einen Krisen-Kongress in St. Anton, zu dem der Skilehrerverband „Interski" geladen hatte, nachdem sich jede Skisaison ein paar Tausend Schüler weniger der Pistengaudi hingeben als die Saison davor. Schulklassen, so der Verbandskapitän, der für immerhin 250.000 Skilehrer aus 35 Ländern sprach, würden aufgrund mangelnden Interesses seitens der Eltern gar nicht mehr auf Skikurs fahren. Murat, zwölf Jahre alt, wird im „biber" so zitiert: „Skifahren ist urzach. Ski muss ich mir ausborgen. Die sind dann meistens total abgenützt. Die leiwanden Snowboards können sich meine Eltern nicht leisten. Den Skianzug hab ich von meinem Cousin! Das geht gar nicht." Seine Schulkollegin Elvira sieht es ähnlich. „Ich komme immer in die schlechteste Leistungsgruppe. Meine Freunde sind zwar auch nicht besser. Aber die schlechteste Leistungsgruppe ... das ist irgendwie uruncool ..." Und „biber"-Redakteurin Ivana Cucujkić (26) erinnert sich: „Mit neongelbem Skianzug, dem billigsten, den es zu kaufen gab, bin ich dagestanden. Die Coolen von der Schule waren die Snowboarder. Da konnte ich nicht mithalten. Ich hab's so gehasst." Unterm Strich bleibt das Kreuzerl beim „Nein" auf den Eltern-Informationen „zur Möglichkeit der Abhaltung einer Skisportwoche". Und ein ratloses Sportministerium, das jetzt eine eigene „Koordinationsstelle Wintersportwochen" eingerichtet hat, um den Skikurs wieder beliebt zu machen. Mein Rat gratis: Lasst Murat und Ivana Faustball, Handball, Basketball oder meinetwegen Sitzfußball spielen, aber vergesst die Schneenummer.

In Österreich werden nämlich die grundlegenden Kulturtechniken wie schön essen, schön Gedichte aufsagen, schön laufen auf Eis, weit springen auf Ski, Ski fahren, Ski langlaufen, Ski schnelllaufen im Kreis, Ski schnelllaufen mit zwischendurch schießen, Ski schnelllaufen mit zwischendurch jodeln etc. nicht erworben, sondern vererbt.

Mit der Schulbildung ist es genauso. Sie wird vererbt. Aus der anderen Perspektive heißt das: Wer in Österreich Bildung nicht erbt, hat später keine. Laut OECD-Bericht[22] schließen in Österreich weniger als sieben (!) Prozent aller jungen Menschen, deren Eltern nur Pflichtschulabschlüsse haben, ein Universitätsstudium ab. Andererseits gehen mehr als die Hälfte aller Kinder von Eltern mit einem Hochschulabschluss, nämlich 56 Prozent, später selber an eine Uni oder FH. Die Analyse eines der Detailergebnisse: Die Wahrscheinlichkeit, dass ein Kind von Akademiker-Eltern eine hohe Lesekompetenz entwickelt, ist um 20 Prozent höher als bei einem Kind, dessen Eltern nur einen Pflichtschulabschluss haben. Zerrbilder zeigen sich bereits in den Volksschulen. Hier ermöglichen Überprüfungen der so genannten „Bildungsstandards", durchgeführt vom bifie, einen Vergleich. In Mathematik[23] zum Beispiel erreichen zwölf Prozent der Akademikerkinder die höchste Kompetenzstufe drei („Standards übertroffen"), aber nur ein Prozent der Kinder, deren Eltern höchstens einen Pflichtschulabschluss haben. Umgekehrt verfehlen nur sechs Prozent aller Akademikerkinder die Standards (Kompetenzstufe „Unter eins"), aber 37 Prozent der Kinder von Eltern mit maximal Pflichtschulabschluss. Noch dramatischer ist es, wenn es um Deutsch geht. Für die Studie „Standardüberprüfung Deutsch (4. Schulstufe)" wurden im Mai 2015 knapp 75.300 Kinder an 2995 Volksschulen getestet. Die ernüchternden Ergebnisse sorgten im Frühjahr 2016 für einen medialen Aufschrei. In Punktwerten betrug der Leistungsunterschied zwischen Akademikerkindern und Kindern von Eltern mit maximal Pflichtschulabschluss zwischen 100 (Rechtschreiben) und 126 Punkten (Lesen). Das entspricht bis zu drei Lernjahren![24]

Und noch eine Zahl alarmiert: In keinem anderen EU-Land ist die Zahl jener, die nach achtjähriger Schule nur einen Pflichtschulabschluss als höchsten Abschluss aufweisen können und sich dann schulisch nicht mehr weiterbilden, so hoch wie in Österreich: 20 Prozent. Das ist die Bankrotterklärung einer Politik, die seit Jahrzehnten Schlagworte wie Chancengerechtigkeit oder Durchlässigkeit der Systeme im Mund führt.

Nun haben sich zur Lösung dieses Dilemmas in den letzten Jahren zwei, wie es scheint unversöhnliche, Positionen herausgebildet. Position eins: Man führe schleunigst die funktionierende Familie flächendeckend wieder ein, die außerdem finanziell so potent ist, dass einer der beiden Elternteile dem Nachwuchs mit Zeit, Muße und Geduld auf die schulisch verlangten Sprünge helfen kann. Position zwei: Die Schule wird in die Lage versetzt, den Eltern diese Verantwortung aus der Hand zu nehmen und die häuslichen Bildungsdefizite quasi im Schulhaus auszugleichen. Freunde des ersten Ansatzes finden Argumentationshilfe in Gesellschaftskonzepten, in denen die „guten alten Zeiten" beschworen werden, unverblümt dargebracht etwa auf den Leserbriefseiten der „Kronen Zeitung". Unter „PISA & die wahren Hintergründe" schrieb ein Ing. Wilhelm Weinmeier aus Kirchberg (für ihn gilt die Existenzvermutung) am 10. Dezember 2010:

Das Schlimmste dieser Tage ist nicht das Ergebnis der PISA-Studie, sondern das, was in diesem Zusammenhang von den Politikern und sogenannten Experten an Begründungen und Forderungen geliefert wird. (...) Denn die Ursachen für den schlechten Bildungsstand der Schulabgänger liegen ganz woanders. Ursache 1: Die Familien wurden in den letzten Jahren immer mehr zerstört. (...) Wir waren bis zu 30 Schüler in unserer Klasse und trotzdem haben wir Lesen und Rechnen gelernt. Aber wir hatten eines: funktionierende Familien, kein Internet, keine Spielkonsole. (...) Solange Eltern den Kindern lieber ein Handy als ein Buch kaufen, solange Kindererziehung dem Staat noch immer nichts wert ist, solange linke Träumer noch immer glauben, der Staat kann eine Familie ersetzen und Erziehung übernehmen, werden wir noch viele solche PISA-Studien erleben, und es wird sich nichts ändern.

Nun gehört es zwar nicht zu den Kernaufgaben einer Lehrerin, die Qualität einer elterlichen Performance zu beurteilen, aber tief im Herzen vergeben viele Lehrerinnen durchaus Mitarbeitsnoten.

- *Wie lange hat denn bei dir der Elternsprechtag gestern gedauert?*
- *Bis zur Damnjanovic. Bis dahin war ich mit meinem Kaffee und dem zweiten Lachsbrötchen fertig.*
- *Dass du es schaffst, stundenlang neben kaltem Kaffee zu sitzen?*

– *Was heißt stundenlang. Bevor die Damnjanovic gekommen ist, hätte ich mir am Kaffee die Lippen verbrannt.*
– *Willst du damit sagen, nach der Damnj...*
– *Richtig. Sie war die einzige, die gekommen ist.*

Dabei kann elterliches Engagement natürlich auch sehr weit gehen. „Battle Hymn of the Tiger Mother" (zu Deutsch: „Die Schlachthymne der Tigermutter") hieß der weltweit bestsellende Erziehungs-Knigge von Amy Chua, einer US-amerikanischen Jus-Professorin (Yale) mit chinesischen Wurzeln, der 2012 unter dem Titel: „Die Mutter des Erfolgs: Wie ich meinen Kindern das Siegen beibrachte" auch auf Deutsch erschien. Darin erklärt die knapp 50-jährige Mutter zweier Töchter auf rund 250 Seiten, „wieso chinesische Mütter ihre Kinder besser erziehen als westliche". (Dass meine eigenen Kinder, die zwar nicht Sophia und Lulu heißen, aber dafür Suzie und Daniel, trotz einer chinesischen Mutter leider auch nicht besser erzogen sind als alle anderen, die ich kenne, muss also an ihrem österreichischen Vater liegen ☺.)

„Warum bringen es asiatische Kinder zu Mathematikgenies und Musikwunderkindern?", fragt Chua in ihrem Buch und gibt sich selbst die Antwort: „Weil der Spaß erst beginnt, wenn sie richtig gut sind. (...) Es ist schockierend, wie amerikanische Kids ihre Zeit mit Computerspielen und auf Facebook vergeuden." Drill, Respekt vor den Eltern, Disziplin, also die Prinzipien konfuzianischer Erziehung, seien die Grundlagen des Erfolgs, predigt sie. Aus Sorge vor Verweichlichung durch westliche Kuschelpädagogik wurde bei Chuas/Rubenfelds (so der Name des Vaters, Krimi-Autor und ebenfalls Jus-Professor an der Yale-Universität) ein Regelsystem eingeführt, dessen Fundament die gute, alte Musikerziehung war. Sophia wurde zum Klavierspiel gedrillt, Lulu zur Geige. Die Mädchen mussten bis zu sechs Stunden am Tag üben, selbst im Urlaub. Wenn eine der beiden bockig war, schickte sie die Mutter zur Strafe hinaus in die Kälte des US-Ostküsten-Winters. Einmal drohte sie, Spielzeug der Kinder (Puppenhaus) an die Heilsarmee zu verschenken; ein andermal, die vorhandenen Stofftiere zu verbrennen. „Wir arbeiteten ohne Abendessen bis in die Nacht hinein, ich ließ Lulu nie aufstehen, sie bekam weder Wasser, noch durfte sie aufs Klo." In der Schule wurden nur Bestnoten akzeptiert. Damit sie nicht auf dumme Gedanken kämen, untersagte Mama Chua ihren Töchtern, bei Schulfreundinnen zu übernachten oder sie zum Spielen einzuladen, an Schulaufführungen und außerschulischen Aktivitäten teilzunehmen. Dass Fernsehen und Computerspiele verboten waren, versteht sich von selbst. Das Ergebnis ist durchwachsen: Während Sophia, inzwischen ein ausgewachsener Twen, eine leidliche Konzertpianistin wurde, begann die um zwei Jahre jüngere Lulu ihrer Mutter öffentlich Szenen zu machen. Ihre Geige verstaubte mit den Jahren im Jagdhaus der lieben Familie …

Für die Bildungspsychologin Christiane Spiel von der Uni Wien keine Überraschung: „Kinder sind abhängig von Erwachsenen, es ist schrecklich, wenn diese Bezugsperson mit Angst besetzt ist." Spätere Schäden seien da nicht auszuschließen. Natürlich sollte man dem Kind Grenzen setzen, aber mithilfe von Unterstützung und Motivation statt durch Zwang und Strafe. Um dann den vielleicht entscheidenden Kritikpunkt am System „Tigermutter" anzubringen: „Ich will nicht in einer Gesellschaft leben, in der Leistung der einzige Wert ist. Das wäre eine furchtbare Ellenbogengesellschaft."

In den Mutterländern der Tigermütter rudert man inzwischen wieder zurück. Meine chinesische Frau brachte mir nach ihrem jüngsten Besuch in ihrer alten Heimat eine Ausgabe der taiwanesischen Zeitung „United Evening News" mit. Aufmacher auf der Titelseite, sinngemäß: Die Regierung habe sich dazu entschlossen, Gehirntraining für Kinder unter sechs Jahren zu verbieten. In dem Bericht darunter konnte man lesen, dass das taiwanesische Bildungsministerium einen Gesetzesentwurf vorgelegt habe, wonach es Eltern per Gesetz verboten werden solle, „Kinder unter sechs Jahren an Lernkursen für Englisch, Rechnen oder anderem Gehirntraining teilnehmen zu lassen". Zu intensive Früherziehung, so zitierten die „Evening News" die Ergebnisse von Untersuchungen, würde den Kindern das Interesse an Bildung verleiden, außerdem würde an ihnen dadurch mehr psychischer und physischer Schaden angerichtet, als kognitiver Nutzen erzielt werde. „Dem Argument, Kinder müssten zeitgerecht auf die Härten des Lebens vorbereitet werden, erteilt die Erziehungswissenschaft und die Kinderpsychologie eine Absage."

Um es an dieser Stelle klar auszusprechen: Als Hauptpardonneuemittelschullehrerin in Wien kriegst du es mit „Tigermüttern" und „Hirntrainingsprogrammen" nur selten zu tun. Dann und wann huscht ein schmuckes Feldhäschen vorbei, das, husch, husch, wieder weg ist, bevor es richtig da war, dann und wann kommt ein Pfau oder Berggorilla deiner schriftlichen Bitte nach, sich „aus gegebenem Anlass" bei Gelegenheit zu einem klärenden Gespräch in die Schule zu bemühen, und überrascht dich dann mit der Frage, warum sein Sohn nun schon das zweite Jahr die dritte Klasse besuche.

Wie man in England den Kampf gegen mangelnde oder gar sträfliche Kindererziehung führen will, hat die „Kurier"-Journalistin Daniela Davidovits recherchiert – nämlich mit der Einführung eines „Elternführerscheins".[25] Öffentlich ausgesprochen hat es im Februar 2016 der britische Premierminister David Cameron himself: „Kurse für alle Eltern können dafür sorgen, dass Familien weniger überfordert sind. Eltern-Klassen sollen ganz normal sein. Wir alle brauchen mehr Hilfe für den wichtigsten Job, den wir je haben werden", erklärte Cameron, selber Vater von drei Kindern.

In die gleiche Kerbe schlägt in Österreich der langjährige Lehrerinnen-Gewerkschafts-Boss Fritz Neugebauer, den ich für „Datum" interviewt habe.[26]

! Neugebauer: Schule funktioniert nicht revolutionär. Wenn man etwas Neues einführt, ist unglaublich viel Arbeit am Bodensatz notwendig. Aber wer kümmert sich noch darum, wie es in den Klassenzimmern zugeht?
? Was meinen Sie mit Bodensatz?
! Das Triangel Schüler-Eltern-Lehrer.
? Ist das wirklich noch ein Triangel? Viele Lehrerinnen beklagen, dass sie von den Eltern ihrer Schüler im Stich gelassen werden.
! Das Problem beginnt in Wahrheit in der Kleinkindpädagogik. Wir müssen einen stärkeren Fokus auf die frühkindliche Entwicklung legen. Dort ist meines Erachtens der Kern. Von der Geburt bis zum dritten Lebensjahr hast du ein Lebewesen vor dir, das formbar ist wie danach nie mehr. Was bis dahin grundgelegt ist, lernt das Kind wortwörtlich im Spielen. Da geht im Moment in Österreich so viel den Bach runter, das ist abenteuerlich. Hier könnte man mit der Erwachsenenbildung ansetzen. Den Leuten bewusst machen, was im Gehirn eines Kleinkindes passiert. Selbst wenn sich junge Eltern ihrem Kind intensiv zuwenden, bedeutet das trotzdem nicht automatisch, dass sie auch das Richtige für dessen geistige Entwicklung tun.
? Sie meinen, da müsste über den Weg der Erwachsenenbildung etwas getan werden, Stichwort „Baby-Führerschein"?
! In diesem Punkt läge es an der Ministerin, etwas zu initiieren. Jeder Minister, jede Ministerin, die sich das auf die Fahnen heftet, würde die ungeteilte Aufmerksamkeit der

gesamten Bevölkerung auf sich ziehen. Alle anderen Diskussionen wie Ganztagsschule und gemeinsame Schule, die zurzeit so leidenschaftlich geführt werden, halte ich für nachrangig. Bei uns ist in den vergangenen 10 bis 15 Jahren die Mithilfe aus dem Elternhaus – naturgemäß vor allem im städtischen Bereich – immer schwächer geworden. Die Schule selbst kann das nicht auffangen.

Sollte sie aber. Meinen jene, die die gegenteilige Position vertreten. Hier wird gefordert, dass Hänschen nicht im Elternhaus, sondern im Schulhaus lernt, was Hans einmal können soll. Zu den Verfechtern dieser Position gehört die Journalistin und Buchautorin Elfriede Hammerl[27], die allen Forderungen nach vermehrtem elterlichem Engagement im schulischen Alltag immer wieder wortstark eine Absage erteilt. Hier ein kurzer Auszug aus einem Hammerl-Kommentar im Magazin „profil"[28]:

Also, damit das klar ist: Die Bilderbuchfamilie, in der Mutti den ganzen Tag mit den Kleinen gesungen, gespielt und gebacken hat, bis Vati abends zur fröhlichen Runde stieß, um sie durch männliche Weisheit zu bereichern, die ist Fiktion. Es hat sie vielleicht in Ausnahmefällen gegeben, die Regel war sie nie. Arbeitermütter haben gearbeitet. Bäuerinnen, die Mütter waren, haben gearbeitet. Dienstboten, die Kinder hatten, konnten sich um ihre Kinder nicht kümmern. Das Großbürgertum und die Aristokratie delegierten ihre Kinder an Kindermädchen, Gouvernanten und Hauslehrer. Die Kinder waren früher in Summe nicht gebildeter als heute. Es hat nur niemanden gekümmert. Es gab jede Menge funktionale AnalphabetInnen, aber das war der Gesellschaft egal. (...) Rückwärts zu schauen kann also keine Lösung sein. Dass wir heute besser gebildete Menschen heranziehen wollen, ist ein Fortschritt. Dass es uns im Vergleich zu anderen

Ländern so schlecht gelingt, ist allerdings eine Schande, und es stellt sich die Frage, wie ernsthaft unsere Bestrebungen sind und ob nicht maßgebliche Kräfte in diesem Land immer noch auf eine Verschubmasse von leicht manipulierbaren Deppen setzen möchten. Die besten PISA-Ergebnisse liefern nicht Länder, in denen Kinder von mehr oder weniger kompetenten Hausfrauenmüttern unterrichtet werden, sondern wo, ganz im Gegenteil, die Schule möglichst viel Verantwortung für ihre Lernfortschritte übernimmt und häusliche Defizite kompensiert. Das ist ganz offensichtlich. Daraus den gegenteiligen Schluss zu ziehen, dazu gehört schon ein unglaubliches Maß an Borniertheit. (...)

An sich wäre jetzt Kapitel 9 dran. Und da es Ihr gutes Recht ist, nach Kapitel 8 auch Kapitel 9 zu bekommen, gibt es von meiner Seite absolut kein Veto, wenn Sie die nächsten paar Seiten überblättern wollen. Die nenne ich nämlich Kapitel 8a. Darin zu lesen ist eine Kampfschrift, die im Herbst 2015 in ähnlicher Form im Rahmen des „Kurier"-Dossiers Schule im Abschnitt 1.3 erschienen ist – noch einmal widme ich mich auf sehr subjektive Weise dem Thema der „vererbten Bildung".

8a Erbe, Bildung & Monopoly

Eben schockte die Entwicklungsorganisation Oxfam die Weltöffentlichkeit mit den neuesten Zahlen zur weltweiten Verteilung von Reich und Arm (schockte sie wirklich oder verblüffte sie nur?). Demnach besitzen inzwischen die 62 reichsten Menschen der Welt so viel Vermögen wie die Hälfte der Menschheit. Das Vermögen dieser 62 ist laut Berechnungen der NGO seit 2010 um eine halbe Billion Dollar gestiegen, das Vermögen der halben Menschheit hingegen in dieser Zeit um 41 Prozent, oder eine Billion Dollar, gefallen. Ein „ethisch-moralisches Bild des Schreckens", wie es das angesehene „Time Magazine" formulierte.

Wie leider nicht überall bekannt, ist die Situation im Mikrokosmos Österreich nicht viel anders. Hierzulande verfügen die reichsten 10 Prozent inzwischen über 60 Prozent aller Vermögen des Landes. Als ich geboren wurde, waren es 40 Prozent, irgendwann davor die Hälfte. Alarmiert uns das? Ich hoffe, das tut es. Denn wie jeder geübte „Monopoly"-Spieler weiß (bei „DKT" war es nicht anders) ist die exponenziell wachsende Ungleichheit der Vermögen der Mitspieler der Anfang vom Ende des Spiels. Wer alle Straßen, Häuser und Hotels hat, hat bald niemanden mehr, der dort Miete zahlen kann ... Das Spiel ist aus. „Tilt"[29], um ein fast ausgestorbenes Wort aus der Spielhalle zu gebrauchen. „Tilt" – für alle Beteiligten.

Die Hauptgründe für das stete und konsequente Aufgehen der Reich-Arm-Schere:

a) Reichtum gedeiht dort am besten, wo er schon ist. Geld kommt zu Geld, heißt ein Sprichwort.

b) Wer reich ist, sorgt dafür, dass er möglichst wenig davon hergeben muss. Mit dem Geld, das die Superreich-Konzerne wie Amazon, Apple, Starbucks, McDonalds etc. völlig legal in Steueroasen parken, um der Steuer zu entgehen, könnte man ganze Staatshaushalte sanieren.

b) Reichtum wir vererbt. Und damit weiter eng gebündelt statt weit zerstreut.

Leider ist es in Österreich mit dem Bildungsreichtum auch so.

a) Wissen und Bildung vermehren sich dort am besten, wo schon Wissen und Bildung sind. Was durch die Hirnforschung inzwischen nachgewiesen werden kann.

b) Wer Wissen und Bildung hat, sorgt dafür, dass er oder sie diese möglichst exklusiv haben. Ein trennendes Schulsystem und ein blühender Privatschulsektor (von der Nachhilfeindustrie ganz zu schweigen) sorgen dafür.

c) Wissen und Bildung werden vererbt. Und zwar in den Elternhäusern (Zahlen siehe im vorigen Kapitel).

Was mich nun besonders stört, ist der Umgang mit diesen Erkenntnissen. Denn immer noch gibt es Leute (z. B. der Marke Sarrazin), die behaupten, die Schieflage sei dem Umstand geschuldet, dass die einen Kinder „weniger Grips" hätten als die anderen. Aber jetzt pass auf. Als Vater einer Tochter, die vier Jahre erfolgreich ins Gymnasium gegangen ist, *und gleichzeitig* als

Klassenvorstand diverser Söhne und Töchter, die ich im Vier-Jahres-Rhythmus durch die Haupt- (jetzt Hauptpardonneuemittel-)schule gehen sehe, kann ich mit gutem Gewissen sagen: Meine Tochter ist intelligent, aber sie war und ist um nichts intelligenter als die meisten meiner Schülerinnen, war und ist um nichts „naturbegabter" – und trotzdem wird sie am Ende des Tages, nämlich nach Beendigung ihrer Schullaufbahn, das Abschlusszeugnis einer Höheren Schule in der Hand haben; und das mit einer ziemlich konkreten Vorstellung von einem Beruf, für dessen Ergreifung sie bis dahin die entscheidenden Weichen gestellt haben wird. Sie oder wir.

Meine Tochter hat nämlich das Glück, ins „richtige" Milieu hineingeboren worden zu sein: Sie hat überdurchschnittlich gut verdienende Eltern, die zudem imstande sind, Deutsch mit ihr zu reden (in jeder Hinsicht); sie hat eine formidabel vernetzte Verwandtschaft; sie hat Freundinnen mit Bibliotheken statt Mitgliedskarten für Videotheken; und sie hat Lehrerinnen, die ihre Zeit an der Schule hauptsächlich mit dem Unterrichten verbringen und nicht zu drei Viertel damit, mit Jugendamt und Polizei zu korrespondieren oder mit verzweifelten Alleinerzieherinnen soziale Probleme zu behandeln (von lösen eh keine Rede).

Der Vater in mir kann mit all dem natürlich gut schlafen. Der Lehrer in mir findet das zum Heulen.

Einen Punkt freilich gibt es, der in den meisten Diskursen zum Thema außer Acht gelassen wird – und die Mär vom Glück der vererbten Bildung für uns Bildungsbürger relativiert. Die bestehende ungleiche Verteilung der materiellen und geistigen Ressourcen in unserer Gesellschaft bedeutet, dass einer immer größeren Zahl von Menschen die Chancen genommen werden, ihren bestmöglichen Beitrag für die Gesellschaft zu leisten. Ergo dessen muss diese mit den Beiträgen der Minderheit auskommen. Das ist eine Lose-Lose-Situation. Zum einen überfordert es jene, die es an die Futtertröge schaffen, denn die müssen mit ihrer Arbeitskraft steigende Arbeitslosigkeit, Armutskriminalität und diverse Maßnahmen zum sozialen Ausgleich finanzieren. Vor allem aber führt es zu einer Ausdünnung der Potenziale. Jahr für Jahr gehen uns Zigtausende hervorragende zukünftige Handwerker und potenzielle Kleinbetriebler und -betrieblerinnen verloren, weil deren Eltern glauben, ihre Kinder um jeden Preis durch die Gymnasien Richtung Unis schleusen zu müssen. Umgekehrt unterbleibt in den altbewährten AHS die so dringend benötigte geistige und mentale Blutauffrischung, weil sich deren Klientel auf Zöglinge aus den immer gleichen Schichten beschränkt, nämlich auf jene mit „Immatrikulationshintergrund".

Ich nenne das den drohenden Inzest der Bildung. Und wir wissen, wohin Inzest führt. Monopoly Hilfsausdruck, wie Brenners Untermieter sagen würde (aber das wäre jetzt eine andere Geschichte).

9 Die einen ins Töpfchen, die anderen ins Kröpfchen – NMS vs. AHS

Als bekennender Befürworter einer für alle Kinder offenen „Gemeinsamen Mittelschule der 10- bis 14-Jährigen" – ich bin ja für eine Renaissance des Namens „Hauptschule", die diesem Namen dann endlich gerecht werden würde – gerate ich nach, vor oder auf Lesungen/Diskussionen/runden Tischen/speckigen Sofas/eckigen Sesseln etc. regelmäßig in Gesprächssituationen, die sich sinngemäß wie folgt anlassen:

– *Und jetzt einmal ehrlich, Herr Glattauer, verraten Sie uns doch, wo Ihre Kinder in die Schule gehen!*
– *Gern. Meine Tochter in Wien 18, obwohl wir vor Kurzem übersiedelt sind. Aber alle ihre Freundinnen aus der Volksschule, die ja nicht übersiedelt sind, gehen auch in Wien 18 zur Schule, und Sie wissen ja, wie pubertierende Töchter sind … (seufz) Mein Sohn allerdings, der jetzt erst in die 1. Klasse Volksschule gekommen ist, geht …*

- *Nein, nein, was ich meine, ist: Sie geben Ihre Kinder doch bestimmt auch in ein Gymnas...*
- *Mein Sohn Daniel ist ja wie gesagt erst sieben und geht daher noch ...*
- *Nein, nein, reden wir doch von Ihrer Tochter Suzie. Die geht, wie ich lese, in eine AHS. Oder stimmt das nicht?*
- *Doch, stimmt genau.*

An dieser Stelle glaubt mein Gegenüber dann, den Sack zumachen zu können. Ein dezentes „Sehen Sie?" ist noch die eleganteste Form des vermeintlichen Triumphs. Weniger elegant heißt es: „Aha, also Wasser predigen, aber Wein trinken!" Dann kommen regelmäßig Bezeichnungen wie Heuchler, Pharisäer, falsches Arschloch usw. DABEI HABE ICH MIR IN NÄMLICHER CAUSA ABSOLUT NICHTS VORZUWERFEN. Sein Kind in ein Gymnasium zu geben, hat überhaupt nichts mit Heuchelei zu tun. Wohin sonst soll man es geben? In die Rest- und Ghettoschulen, in denen außer der Deutschlehrerin und dem Schulwart keiner mehr Deutsch spricht? ES GIBT JA EBEN LEIDER KEINE GEMEINSAME SCHULE, IN DER EINER WIE ICH SEINE KINDER GEBEN KANN. Das heißt: Falsch! Denn es gibt sie, die funktionierende gemeinsame Schule, nur nennt sie keiner so. Ich rede von der guten, alten Hauptschule (jetzt Neuen Mittelschule) auf dem Land. Ganze Volksschulklassen treten geschlossen in die Hauptschule über. Im Schnitt kommt dort jedes zweite Kind (meist über eine BMHS) bis zur Matura.

Allerdings gehen in Österreich fast 70 Prozent der Kinder im städtischen Umfeld zur Schule. Und hier sieht die Situation leider ganz anders aus: Keine fünfzehn Prozent der Hauptschulabgänger haben in den letzten Jahren eine höhere Schule erfolgreich abgeschlossen, nachdem sie dorthin umgestiegen sind, in eine AHS-Oberstufe steigen gar nur acht Prozent aller Hauptschulabgänger überhaupt ein. Was macht also einer wie ich, der schulsprengelmäßig das Pech hat, in Wien oder einem der anderen städtischen Ballungsräume zu wohnen, und nicht irgendwo „unter der Leitn"?

Oder eine wie die „Presse"-Journalistin Bettina Eibel-Steiner. Bei der las sich die Antwort auf diesbezügliche Vorbehalte einer Leserin aus Kritzendorf in Niederösterreich in einer ganz famosen Glosse so (ein Auszug)[30]:

Gesamtschule, Gesamtschule, Gesamtschule. Sehen Sie? Ich kann es! Ich kann das Wort Gesamtschule schreiben, ohne mich umgehend auf die Tastatur zu übergeben, ich schreibe dieses Wort sogar sehr gerne, mit Schwung und Elan, tack-tack-tack-tack, in der mir eigenen, in zwei Jahrzehnten ausgebauten Vierfingertechnik: Ge-samt-schu-le, liebe Frau Sibera aus Kritzendorf, ich habe gar nichts dagegen, ich will Sie überhaupt nicht totschweigen. Sollen es alle lesen.

Hauptschule dagegen, Frau Sibera, das ist etwas anderes – und Sie haben recht, wenn Sie aus meiner Kolumne über das anstrengende vierte Jahr Volksschule, über dieses Jahr der Selektion und der „Was ist, wenn mein Kind nicht lauter Einser hat"-Manie, wenn Sie also daraus herauslesen, dass ich mir gar nicht erst überlegt habe, ob eines meiner Kinder in der Hauptschule nicht besser aufgehoben wäre. Hab ich wirklich nicht! (...) Ich kenne nämlich gar kein Kind, das in der Hauptschule besser aufgehoben wäre, tut mir leid. (...) Das sind natürlich, werden Sie kontern, nur meine Erfahrungen: Erfahrungen mit den eigenen verhätschelten Kindern und denen anderer bildungsbeflissener Eltern, die Säuglinge zum Babyschwimmen schleppen, Zweijährige mit Montessori fördern, Kindergartenkinder mit spanischem Liedgut versorgen und in der 1. Klasse Volksschule immer genau wissen, welcher Buchstabe gerade dran war. Gluckeneltern eben, ja, ja, die aber den unbestreitbaren Vorteil haben, dass sie mit ihren Kindern die Malreihen üben und bei keinem Elternabend fehlen. Die Kinder dieser Eltern schaffen meist auch das Gymnasium, weil das Gymnasium zu schaffen weniger mit dem Intelligenzquotienten zusammenhängt als mit der Frage, ob zu Hause einer etwas von englischer Grammatik versteht. Oder von Bruchrechnen. Aber für das Gymnasium sprechen nicht nur meine Erfahrungen: In Deutschland wurde untersucht, welche Faktoren die Lese-Rechtschreib-Leistung legasthener Kinder beeinflussen. Überraschung: Die soziale Herkunft ist es kaum, Intelligenz ebenfalls nicht. Was wirklich zählt, ist der Schultyp. Erklärung: Gymnasiasten werden mehr gefordert. Ich denke, das hat Beatrix Karl[31] mit ihrem „Gymnasium für alle" gemeint. Solange es das nicht gibt, werde ich weiterhin davon ausgehen, dass meine Kinder das „Gymnasium für nicht alle" besuchen, und ab und an schreibe ich es hin, mit schwindender Hoffnung: Gesamtschule.

Ergänzen möchte ich hier nur einen Satz. Im vorletzten Absatz heißt es: Gymnasiasten werden mehr gefordert. Richtig! Aber nicht nur von ihren Lehrerinnen, die dort halt wie gesagt primär das tun, wofür sie ausgebildet wurden: nämlich unterrichten, sondern – und das ist das Entscheidende: von ihren Mitschülern.

Es gibt, ich sage das immer wieder, kein Kind, das ab einem gewissen Alter lieber und besser von einem Erwachsenen lernt als von einem anderen Kind.

Werfen wir dafür ein paar Seitenblicke über unsere Grenzen. Vor fünf Jahren, 2011, bekam die Georg-Christoph-Lichtenberg-Schule in Göttingen den Staatspreis für die „beste Schule Deutschlands" – eine „Gesamtschule". Ihr Direktor Wolfgang Vogelsaenger ist seither Dauergast sämtlicher reform- und nicht reformpädagogischer Einrichtungen quer durch ganz Europa. In Wien saß ich auf Einladung von „Bildung grenzenlos"[32] neben ihm auf dem Podium, genauer gesagt: Vogelsaenger referierte und ich gab das Rahmenprogramm mit einer kurzen Lesung aus meinem „Lukas ..."-Roman, dazwischen beantwortete er Fragen aus dem Publikum, während ich auf dem Podium saß und mit Entzücken feststellte, dass mich an diesem Abend niemand etwas fragen würde, so spannend war es für das Publikum, aus erster Hand über den Erfolg einer Schulform zu erfahren, bei deren Namen bei uns nicht wenige das Kreuzzeichen machen.

Hier ein paar Sätze, die ich mitgeschrieben habe (und mehr davon im Anhang unter dem Titel: „Der Vogelsaenger als Elternfänger").

- „Von jenen Schülerinnen und Schülern, die wir nach der Grundschule bekommen und die davor als gymnasiumfähig eingestuft wurden, erreicht bei uns jeder das zentral organisierte und zentral benotete Abitur. Jeder. Welche Schule kann das noch von sich behaupten?"
- „Als einzige Gesamtschule in der Gegend bekommen wir natürlich viele Schüler, die nach der Grundschule als für ein Gymnasium ungeeignet eingestuft wurden. Von denen schafft jeder Vierte das Abitur."
- „Beim Zentralabitur können wir uns mit jedem Gymnasium in Deutschland anlegen. Wir sind unter den zwei Prozent besten Oberstufen Deutschlands, und 25 Prozent der Abiturienten haben eine Eins vor dem Komma."

Und dann der für mich wichtigste Satz:
- „Wir Lehrerinnen und Eltern glauben immer, wir hätten einen riesigen Einfluss auf die Kinder. Entscheidend sind aber die anderen Kinder. Es braucht die leistungsstarken Kinder, damit die anderen mitgezogen werden."

In der „IGS Göttingen" (kann man googeln) geschieht dies durch ein „Tischgruppen"-System. Jede Klasse besteht aus vier oder fünf Tischgruppen, an denen je sechs Schüler zusammenarbeiten. Vogelsaenger: „Unser Erfolgsrezept funktioniert nun bereits seit 40 Jahren: An jeden Tisch kommen zwei Kinder, die nach der Grundschule als gymnasiumfähig eingestuft wurden, zwei, die als nicht gymnasiumfähig eingestuft wurden, und zwei, die einen Förderbedarf haben, also Sonderschüler, wie man in Österreich früher gesagt hat."

Aber es müssen keine Tischgruppen sein: Die halbe Welt zeigt uns, dass gemeinsame Schule das Leistungsniveau heben kann, wenn man sie richtig betreibt. In der Schweiz, dem Senkrechtstarter aus der zuletzt ausgewerteten PISA-Studie 2012, ist Bildung Sache der Kantone. Die gemeinsame Schule endet dort en gros mit 12 Jahren, in manchen Kantonen erst mit 14, flächendeckend gibt es die Ganztagsschule. Polen, seit der Umstellung auf das „Gymnasium für alle", kontinuierlicher PISA-Aufsteiger, hat dort zuletzt mit 27 Punkten den stärksten Sprung nach vorn gemacht. Unsere Südtiroler Nachbarn rangieren regelmäßig 20 Punkte vor den Österreichtirolern. Die christlich-soziale Bildungsreferentin mit dem schmucken Namen Sabina Kasslatter Mur sagte mir anlässlich einer Veranstaltung im Burgenland (Ohrenzeuge Landeshauptmann Hans Niessl, selber gelernter Lehrer und ehemaliger Hauptschuldirektor): „Kein Südtiroler würde heute mehr die erfolgreiche Gesamtschule rückgängig machen wollen."

In Österreich ticken die Uhren zum Thema anders.

Repräsentative Erhebung bei neun Kolleginnen an einer mir sehr gut bekannten Wiener NMS.

Frage: Sag, bist du jetzt für die gemeinsame Schule oder dagegen?

Erste Kollegin: Dagegen.
Zweite Kollegin: Schon dagegen, oder?
Dritte Kollegin: Sag du zuerst!
Vierte Kollegin: Gegen was noch einmal?
Fünfte Kollegin: Wennst mich fragst, alles derselbe Scheiß! Außerdem hab ich jetzt Gangaufsicht!
Sechste Kollegin: Im Prinzip dafür, aber nur mit finnischen Kindern, haha.

Ähnlich die Lage bei den Eltern. Wobei man zunächst festhalten muss: Da gibt es die Eltern – und dann gibt es die „veröffentlichten Eltern", so nenne ich in Anlehnung an den Begriff der „veröffentlichten Meinung" jene Eltern, die in starken Elternvereinen organisiert sind, die sich zu schulpolitischen Fragen zu Wort melden und damit in der Öffentlichkeit den Eindruck erwecken, sie sprächen für die gesamte Elternschaft.

Die anderen Eltern sind solche, wie wir sie in den städtischen Hauptpardonneuenmittelschulen vornehmlich haben. Dort also, wo der so genannte „Migrationshintergrund" gegen 100 Prozent geht (lesen Sie bitte im Anhang mehr zum Thema). Zweimal im Jahr lädst du die Elternvertreter in deine Klasse. Das erste Mal, um sie von den anderen Eltern als deren Vertreter wählen zu lassen, das zweite Mal, um nachzufragen, ob eh alles in Ordnung ist, nachdem du nie wieder etwas von einem der beiden gehört hast.

– *Du, Sanije, ich hab hier ein Kuvert für unsere Elternvertreterin. Nimmst du es bitte deiner Mutter mit nach Hause?*
– *Warum soll es ihr meine Mutter geben? Kennt sie sie überhaupt?*
– *Ob sie wen kennt?*
– *Na den Elternfertiger.*

— *Elternvertreter heißt das. Und deine Mutter ist die Elternvertreterin.*
— *Ah so. Und weiß sie das?*

Die anderen Eltern treten im Fernsehen auf oder üben sich in Socializing und Netzwerken. Als ich mich seinerzeit dazu entschloss, dem Komitee des „Androsch-Bildungsvolksbegehrens" beizutreten (eigentlich „Volksbegehren Bildungsinitiative", aber als Androsch-Volksbegehren ist es den meisten ein Begriff), war in dem Team ursprünglich auch der damalige Präsident des „Bundesverbandes der Elternvereine an mittleren und höheren Schulen Österreichs", Theodor Saverschel (sein Nachfolger wurde der Salzburger Finanzdienstleister Gernot Schreyer[33]). Wenige Monate später war er wieder draußen: Ein Bekenntnis zu einer Gesamtschule, sagte er on und off the record, werde er „seinen Eltern" bestimmt nicht verklickern können. Dafür sei die „Zeit noch nicht reif", und „warum sollen unsere engagierten Eltern ausbaden, was die anderen, die sich nicht kümmern, verbocken".

„Die Angst der Mittelschicht vor der Gesamtschule" nennt die Erziehungswissenschaftlerin Gertrud Nagy[34] ihr Buch, das im Februar 2015 in der edition innsalz erschienen ist. Untertitel: „Warum die Gesamtschule notwendig wäre, im städtischen Raum schwer umsetzbar ist und was zur Schadensbegrenzung getan werden sollte". Bemerkenswert wie ernüchternd ist ihr Befund:

Eine soziale und leistungsmäßige Durchmischung, wie es sie in erfolgreichen Gesamtschulsystemen gibt, könnte einige der Problemlagen entschärfen. (...) Gemeinsamer Unterricht in einer gemeinsamen Schule setzt aber die Auflösung der Unterstufe des Gymnasiums voraus – und das ist aus Sicht der bildungsnahen

Mittelschicht im städtischen Raum der Knackpunkt. Sie hält aus zwei Motivlagen heraus daran fest:
- Als Realisten, weil sie zumindest aus der Ferne die Problemlagen städtischer Hauptschulen/NMS kennen; weil sie ein Lernen am Modell „nach unten" für ihre Kinder befürchten; weil sie keine pädagogisch überzeugenden Konzepte für gemeinsamen Unterricht kennen; weil sie sich eine soziale Durchmischung wegen der schichtspezifisch segregierten Wohnviertel nicht vorstellen können und weil sie wissen, dass es allenfalls die Privatschule als Ausweichmöglichkeit gibt.
- Als Vertreter der Mittelschicht, weil sie um ihren Status fürchten; weil sie wissen, dass höhere Bildung für den Statuserhalt und für die Erreichung mittlerer und gehobener Positionen wichtig ist; weil sie den Zugang für zahlenmäßig begrenzte Karrierechancen eher ihren Kindern sichern wollen als anderen und weil sie sich und ihre Kinder mittels höherer Bildung gern von den unteren Schichten abgrenzen.

„Soziale Durchmischung via Gesamtschule", schreibt die Erziehungswissenschaftlerin, „bleibt in Österreich nicht zuletzt wegen dieser Motivlage der meinungsbildenden Mittelschicht kurz- und mittelfristig schwer umsetzbar."

Ich las es mit Wehmut im Herzen – und Kopfnicken. Während die Speerspitze der schulaffinen Mittelschicht, nämlich der Bundesverband der Elternvereine, aktiv Schulpolitik betreibt – und zwar genau nach dem oben beschriebenen Motto[35] –, haben die anderen Eltern kaum die Möglichkeit, ihre Stimme zu erheben, oder sie nehmen diese Möglichkeit nicht wahr. Dabei fehlt es ihnen weniger an Geist, Willen und Meinung als an Zeit, Mut und gesellschaftlichem Standing. Die Folge ist auch hier eine Schieflage, die der frühere Wiener Stadtschulratspräsident Kurt Scholz in einem Video-Interview mit der „Standard"-Journalistin Petra Stuiber ohne Umschweife benannte. Hier die wichtigsten Passagen, dedigitalisiert und zusammengefasst.

? Elternvertreter sind gegen die Ausweitung der neuen Mittelschule, warum?
! Eltern sind nicht gleich Eltern. (...) Bei den Eltern melden sich natürlich die Stärkeren stark zu Wort und die Stimmen der Schwachen hört man nicht. Und die, die sich stark und vernehmlich zu Wort melden, sind meistens die, die nicht unbedingt die gerechteste Schule wollen, sondern die, die Statusvererbung für ihre eigenen Kinder wollen oder sogar die Statuserhöhung. (...) Ein bisschen hat das schon mit dem biblischen Bild der Pharisäer zu tun: „Herr, wie danke ich dir, dass ich nicht so bin wie jene dort. Mein Kind geht ins Gymnasium, dafür bin ich dankbar. Aber alle jene dort, die gesellschaftlich unterprivilegiert sind und die die Randschicht bilden, sollen halt irgendwo draußen bleiben." (...) Solche Eltern wollen subjektiv gesehen das Beste für ihr Kind und dieses Beste sehen sie – wenn Sie mich fragen, leider – nicht in der Gesamtschule. Sie sind der Meinung, dass die Kinder dann mit den Falschen in der Klasse sitzen, und suchen so etwas wie Exklusivität. Sie wollen untereinander bleiben.
? Auch AHS-Lehrer wollen alles, nur nicht sogenannte Hauptschüler unterrichten. Warum?
! Das ist verständlich. Die kommen von der Universität und empfinden es als ganz natürlich, dass sie in einer 7. oder 8. Klasse, also in der Oberstufe, unterrichten. Wenn man einem an einer Universität ausgebildeten mit Anführungszeichen „Professor" sagt, er soll ein zehnjähriges Kind mit Migrationshintergrund unterrichten, dann wird er sagen, a) das entspricht nicht meiner akademischen Ausbildung

und b) ich bin dort dafür auch gar nicht vorbereitet worden. (…) Für einen akademisch ausgebildeten Lehrer ist ein zehnjähriges Kind mit Migrationshintergrund etwas Unbekanntes, vor dem man ein bisschen Angst hat oder, sagen wir es ganz offen, auch ein bisschen ein Vorurteil. (…)

Manchmal geht Missionstätigkeit in Sachen Bildungspolitik nicht ohne Damaskuserlebnis[36] ab. Vom Saulus zum Paulus in Sachen gemeinsame Schule wurde in den letzten Jahren der langjährige Vizepräsident im Wiener Stadtschulrat Walter Strobl, ÖVP, Mastermind bei der „Erfindung" der Sir-Karl-Popper-Schule für „Hochbegabte". Unmittelbar vor seinem Abschied aus der Politik im Jänner 2011 gab er der „Presse" ein bemerkenswertes Interview:[37] „Ich war früher ein Kämpfer gegen die Gesamtschule, weil ich mich gegen die Nivellierung in den Schulen ausgesprochen habe, gegen die Wohlfühlschule, wo Leistung egal ist." Heute seien die Umstände andere: „Ich bekenne mich zu einer Schule, die nicht selektiert, sondern differenziert und individualisiert und damit Leistungsgerechtigkeit produziert. (…) In einigen Jahren wird man draufkommen, dass es bildungspolitisch und ökonomisch nicht gut ist, dass Kinder mit zehn Jahren selektiert werden." Die Debatte um die Gesamtschule – auch in seiner Partei – beobachte er, Strobl, mit Kopfschütteln. „Es gibt keine größere Verlogenheit bei der SPÖ und auch der ÖVP, was das Thema betrifft." Denn erstens gebe es bereits Gesamtschulmodelle: nämlich die Hauptschulen im ländlichen Bereich. Zweitens gebe es im städtischen Raum eine ungeheure Dichte an AHS. In Wien 90 Gymnasien gegenüber 120 Hauptschulen (heute NMS). Strobl: „Da will natürlich jeder seine Kinder in die AHS geben, noch dazu, wo der Druck auf die Volksschulen groß ist, dass sie gute Abschlussnoten geben." Die Folge: In den Neuen Mittelschulen von heute würden die Spitzenleistungsträger fehlen.

Richtig. Dort sitzen unsere Kevins und Patricks, Snezanas und Dalibors, Alis und Ayses, für die ihre Lehrerinnen keine pädagogischen Rezepte mehr haben, das heißt: doch, die pädagogischen Rezepte für die Vermittlung zumindest der grundlegenden Kulturtechniken hätten sie, aber den Arbeitsmarkt gibt es nicht mehr, auf dem nur grundlegende Kulturtechniken reichen. Im Februar 2016 veröffentlichte die OECD die letzte Analyse zur Detailauswertung der PISA-2012-Ergebnisse. Das alarmierende Resultat: Jeder fünfte österreichische Schüler aus der Alterskohorte 15 und 16 liest und rechnet so schlecht, dass er (oder sie) „sich in einer modernen Gesellschaft nicht vollständig zurechtfinden wird", weil er oder sie „daran scheitern, komplexere Aufgaben selbstständig zu lösen". Und mehr noch: Jeder zehnte der getesteten Schüler gehört in allen drei untersuchten Gebieten (Lesen, Mathematik, Naturwissenschaften) in die vorhin bereits erwähnte „Risikogruppe". Wobei sich die „vererbte Bildung" neuerlich dramatisch abzeichnete: Bei Kindern aus einem Haushalt mit geringem Einkommen und/oder niedrigem Bildungsabschluss fällt jedes dritte Kind in die Gruppe der „Leistungsschwachen". Von jenen aus wohlhabenden und/oder besser gebildeten Familien sind es nur sechs Prozent.

Wohin Nena gehört, war ihrer Lehrerin aber auch ohne PISA klar:

– *Und wie hast du das Wochenende verbracht, Nena?*
– *Ich war Lugna.*
– *Du meinst, du warst am Wochenende in der Lugner-City.*
– *Nein.*
– *Wie nein?*
– *Ich war mit alle.*
– *Aha, du bist mit Freundinnen und Freunden in der Lugner-City gewesen.*

- *Nein.*
- *Also was jetzt?*
- *Ich war mit Bruder und andere Bruder und Schwester und Mama und Papa und ...*
- *Familie heißt das.*
- *Ja.*
- *Und gab es einen besonderen Anlass für euch, in die Lugner-City zu gehen? Ich meine, wart ihr im Kino? Oder gab es eine Autogrammstunde oder ...*
- *Welche Stunde?*
- *Vergiss es. Warum wart ihr Lugna?*
- *An Samstag gemma imma Lugna.*

Glaubt denn immer noch jemand, die „Lugnarisierung" des Landes ließe sich ohne Strukturänderung verhindern? Was Kindern wie Nena in den städtischen Rest- und Ghettoschulen fehlt, die Jahr für Jahr Österreichs Risikoschüler produzieren, sind „Role Models". Früher hätte man wohl Vorbilder dazu gesagt. „Modellregionen" für eine gemeinsame Mittelschule schön und gut – solange es parallel dazu in der Unterstufe auch das alte Gymnasium gibt, werden sich jene, die als Role Models taugen, dort nicht blicken lassen. Zwei Lehrerinnen in Deutsch, Mathe und Englisch schön und gut – aber die Kevins und Jessicas, Alis und Snezanas dieses Landes werden ihre Hausaufgaben auch dann nicht machen, wenn zwei Mathe-Lehrerinnen statt einer am nächsten Tag mit säuerlicher Miene das Mitteilungsheft dafür verlangen. Und keines kriegen, weil es verloren, vergessen, vom kleinen Bruder gefressen, vom Hund den Abfluss hinuntergespült wurde und so weiter.

- *Ali, Danijel, eure Hefte fehlen. Wieso habt ihr die Hausübung nicht gemacht?*

- *Haben wir eh. Wir haben sie sogar zusammen gemacht. Ich bin extra bei Danijel gegangen.*
- *Zu Danijel heißt das.*
- *Was?*
- *Egal jetzt. Und warum habt ihr eure Hefte nicht dabei, wenn ihr die Hausübung eh gemacht habt?*
- *Gestern war so ein Sturm.*
- *Willst du mir damit sagen, der Wind hat eure Hausübungshefte fortgetragen. Wollt ihr mich für bl…*
- *Nein, Herr Lehrer, aber im Wind kann sich Danijel nicht konzentrieren.*
- *Ich denke, ihr habt die Hausübung gemacht und nur vergessen …*
- *Wir haben sie gemacht, aber dann ist der Sturm gekommen. Und dann haben wir die Hefte irgendwo hingelegt, und wir wissen jetzt nicht mehr, wohin genau.*
- *Ein Sturm in Danijels Wohnung?*
- *Oida! Alle Fenster waren offen. Weil die Katze so stinkt. Sie können seine Schwester fragen, die hat sogar gebrochen wegen der Katzenscheiße. Die wäre fast gestorben. Urarg. Da stirbt fast seine kleine Schwester und Sie regen sich wegen einer Hausübung auf.*

Und manchmal regen wir Lehrerinnen uns WIRKLICH auf. Was dann geschieht, lesen Sie im bitte im nächsten Kapitel. Und wenn Sie sich dazwischen noch ein bisschen an den Computer setzen wollen, hier eine Empfehlung:
www.profil.at/oesterreich/neue-mittelschule-warum-372578.
Thema: die Neue Mittelschule, Inhalt: Warum sie scheitern musste.

10 Bözzze Buben, spuckende Lehrer ... und ein paar geistige Watschn

Die Protagonisten, mit deren Palaver ich das vorige Kapitel abgeschlossen habe, hießen Ali und Danijel. Danijel mit einem j hinter dem i, das ist für die gemeine Wiener Hauptpardon-neuemittelschullehrerin inzwischen die gängige Schreibe. Daniel nur mit i kommt dir schon richtig nackt vor und im Geiste willst du schon den Rotstift zücken. Aber bevor jetzt Beifall von der falschen Seite kommt: „Heimische" Zustände sind für die Lehrerin nicht immer himmlische Zustände! Tatort: Schule in einer Gegend, die vornehmlich von vermeintlich deutschsprachig aufgewachsenen Kindern von vermeintlich deutsch sprechenden Eltern frequentiert wird. Menschen, wie man sie netto – das heißt ohne Hund und/oder Einkaufswagerl – nur sehr selten zu sehen kriegt. Sporadisch erscheinen solche Brutto-Eltern mit dem goldenen Wiener Herzen (um den Hals) in der Schule. Zum Beispiel dann, wenn sie von Amts wegen vorgeladen wurden, nachdem Herr Sohn drei Mal hintereinander zugedröhnt (Alkohol) zum Nachmittagsunterricht erschienen war. Anwesend also: Brutto-

Vater und Brutto-Mutter im launigen Gespräch miteinander. In einer Nebenrolle: der Lehrer, Englisch, Klassenvorstand. (Sollten Sie als Nicht- oder Neu-Wiener den folgenden Dialog nicht verstehen, gibt es darunter eine Übertragung ins Deutsche.)

— *Schau da eam genau ou, Mama. Ea vagunnt dem Buam sei Zü-Wossa net.*
— *Sein was bitte?*
— *Mit dia redt kana, Schegsbier.*
— *?*
Haben Sie eben Shakespeare ges...?
— *I hob gsogt, mit dia redt kana. Zerscht mochn S' die Kinda fertich, daassa se oisa Nichtana nimma in d' Schui traun, und donn kennan aa no mia outonzt kumman. Ois hätt ma daham nix Bessas ztuan, göh Mama (hahaha) ...*
— *Aber, Alkohol ist bitte streng ...*
— *Hob i gsogt, daas du redn derfst? I wer da wos sogn, Schegsbier, wann du dei Schuimüch dringn wüst, dring's. Oba loss in Buam in Rua, solong a sunst nix ostöht. Und jetzt gemma, Mama, bevur i de Kawln kriag.*

Übersetzung: „*Schau dir den Mann einmal genau an, liebe Gattin. Er gönnt unserem Sohn das Ziel-Wasser nicht. (...) Zuerst verunsichern Sie die Kinder derart, dass sich diese nüchtern gar nicht mehr in die Schule trauen, und dann laden Sie auch noch ihre Eltern vor. Als hätten wir zu Hause nichts Besseres zu tun, nicht wahr, liebe Gattin? (...) Ich werde Ihnen etwas sagen: Wenn Sie ein Schulmilchtrinker sind, seien Sie es, aber lassen Sie unseren Sohn in Frieden, solange er sonst nichts anstellt. Und jetzt gehen wir, liebe Gattin, bevor mir vor Wut die Adern herauskommen.*"

Was ich sagen will: Eigentlich kann man es sich als Wiener Pflichtschullehrerin durch einen Wechsel an eine sogenannte

„Ausländerschule" zwischenmenschlich eh nur verbessern. Vorausgesetzt, du hast die Fähigkeit, a) zu überhören, was du b) vorher dekodiert hast.

Das Dekodieren des Gestammels aus den Mündern österreichischer Halbwüchsiger aller Nationen, dem die Pflichtschullehrerin Tag für Tag wehrlos ausgesetzt ist, wäre sogar für eine eigene Task-Force „Multikulti" eine Lebensaufgabe. Zum Glück hat inzwischen so manche Lehrerin so etwas wie eine sprachliche CSI-Ausbildung.

- *Snezana, wenn du schon schimpfst, dann schimpf auf Deutsch, die Gülten versteht nämlich dein Serbisch nicht.*
- *Bosnisch, Oida!*
- *Okay, dein Bosnisch, das versteht sie auch nicht.*
- *Frau Lehra, niemand versteht es, sie kann es gar nicht.*
- *Kusch, Dalibor, du Mistgeburt!*
- *Snezana, zum hundertsten Mal: Es heißt nicht Mistgeburt. Es heißt Missgeburt. Und Dalibor, ich bin eine Lehrerin und kein Lehrer.*
- *Ja, Lehrarin. Regen Sie nicht auf. Ich weiß eh, ich sag nur falsch.*

Und manchmal regen sich Lehrerinnen wirklich auf. Wofür meistens üble Laune eine gesunde Basis ist.

- *Herr Lehrer, bleiben Sie chillig.*
- *Was soll ich bleiben? Chillig?*
- *Ja. Chillen Sie – und lassen Sie uns nicht schon wieder schreiben.*
- *Ich bin chillig!*
- *Herr Lehrer, Oida, Sie sind unchillig, und jeder weiß, warum. Weil die Mutter vom Patrick sich wegen der Haus-*

> *übung beschwert hat und der Direktor mit Ihnen geschimpft hat und jetzt müssen wir die ganze Stunde schreiben.*
> – *Wie kommst du darauf, dass da ein Zusammenhang besteht?*
> – *Geben Sie es zu! Voll unfair!*
> – *Weißt du was, halt einfach den Mund!*
> – *Super Lehrer, Oida.*

Oder das: Handelsschule, 9. UE, Sie wissen inzwischen, was das heißt, Stichwort Christa Kummer: eine Zeit nahe der Abenddämmerung. Anwesend: 1 Lehrerin. Abwesend (jedenfalls geistig) 35 Schüler und Schülerinnen. Auf dem Programm steht wochenplanvorbereitungsmäßig Teil 2 des Themas „Problemfeld Humanismus versus Fundamentalismus".

> – *Robert, gib die Füße vom Tisch!*
> – *Das ist jetzt aber nicht sehr humanistisch.*
> – *Das richtige Wort für das, was du meinst, wäre human gewesen, nicht humanistisch. Und jetzt das letzte Mal: Gib die Füße vom Tisch, sonst ...*
> – *Was sonst.* (Grinst deppert)
> – *Raus mit dir!*
> – *Das dürfen Sie nicht.*

Wie ich solche Situationen zu handlen (ist nicht gleich meistern) pflege? Ich bekomme den totalen Auszucker. Den totalen, wenn Sie verstehen, was ich meine.

> – *Soll ich dir einmal unter vier Augen zeigen, was ich alles nicht darf!!!?!!!*

Bei diesen Worten laufe ich im Gesicht scharlachrot an, tobe und brülle, dass an der Decke die Neonröhre zuckt und am Boden die Tafelkreide zittert. Nicht selten muss ich später Gott und der österreichischen Verfassung dafür danken, dass das allgemeine Waffenverbot immer noch uneingeschränkt auch für Lehrer und Lehrerinnen gilt und ich in solchen Momenten keinen Derringer zur Hand habe, sondern bestenfalls ein paar Mittelquarthefte. Bin ich später stolz darauf, die Contenance verloren zu haben? Nein. Bereue ich später, was ich im Affekt alles gesagt oder getan habe? Das nun auch wieder nicht. Immerhin wissen meine Renés und Jacquelines, dass sie mir nicht ungestraft acht Stunden am Tag deppert kommen können. Und der „Schulpapst" kann mir ja bei Gelegenheit vorzeigen, wie er es besser macht …

Das Auszucken gestehe ich hiermit also quasi „off the record". Und nur als Mittel letzter Wahl. Musikstunde:

– *Lukas, spuck den Kaugummi aus!*
– *Mein Vater hat aber gesagt, ich darf Kaugummi, das ist ihm lieber, als ich rauche ihm seine Zigaretten weg.*
– *Das kann ich verstehen, spuck ihn trotzdem aus! Und Sabrina, zieh dir etwas an!*
– *Ich hab eh was an.*
– *Ich meine etwas, das dich bedeckt. Am besten aus Stoff. Schau einfach einmal in deinen Spind.*
– *Herr Lehrer, der Lukas!!!!*
– *Lukas! Ich habe gesagt, du sollst den Kaugummi wegwerfen, aber nicht der Milena in den Nacken picken!*
– *Oida! Sie haben gesagt, ich soll ihn ausspucken! Außerdem hat Milena meine Mutter schon wieder Futnutte geschimpft.*

So etwas kriegst du nach einigen Dienstjahren auch ohne Auszucken hin. Nach Musik findest du dich mit Milena, Sabrina und Lukas im Geografie-Lehrmittelkammerl wieder. Dort redest du zuerst über das Leben im Allgemeinen und über die Nachteile von gleichzeitigem Singen und Kaugummikauen im Besonderen, dann gibst du zur Beruhigung der Gemüter einen klar formulierten Arbeitsauftrag: Man möge dir den Panamakanal suchen. Sabrina nötigst du das Versprechen ab, den Waschlappen, den sie unter der Bezeichnung „Girlie-Top" bei der „Ich steh auf H.C."-Tombola in ihrer Stammdisco gewonnen hat und seitdem an vier von fünf Schultagen trägt, zu Hause in die Kochwäsche zu stecken.

- *In was?*
- *Du gibst das Teil in die Waschmaschine und drehst auf 90 Grad. Du wirst staunen, was dann geschieht.*
- *90 Grad? Ist es dann ... umgedreht?*
- *Nein, endlich weg.*

Gestraft bist du in Fällen wie diesem als Lehrerin eh genug. Lukas' Bemerkung bezüglich väterlicher Rauchware macht dich ganz unrund. Darauf, dass Milena spätestens am nächsten Tag über eine ihr völlig unbekannte Mutter schiach reden wird, kannst du wetten. Und dann wird dir auch noch bewusst, dass du zwar längst frei hast, aber statt nach Hause zu gehen in einem Abstellraum, der sich GW-Lehrmittelzimmer nennt, auf einem Kindersessel hockst und drei Halbwüchsigen dabei zusiehst, wie sie auf der Österreich-Karte den Panamakanal suchen.

- *Mit der Österreich-Karte werdet ihr nicht weiterkommen, wenn ihr den Panamakanal finden wollt ...*
- *Wieso? Den Donaukanal haben wir schon!*

Weil ich oben „gestraft" geschrieben habe. „Strafe" ist pädagogisch betrachtet natürlich ein No-Go. Allgemein wird daher lieber von „Konsequenzen", allenfalls von „Sanktionen" geschrieben. Auch erscheinen in regelmäßigen Abständen in Zeitungen politisch korrekte Reportagen, in denen dann z. B. eine voll supere Lehrerin der Reporterin erklärt, wie *sie* das Ding zu schaukeln pflegt, bevor es eskaliert, nämlich entweder nach der Feldenkrais-Methode oder mit Qigong oder nach dem Mondkalender, jedenfalls natürlich ohne Strafen, pardon: Sanktionen.

„Winkerlstehen, das gibt's nicht mehr", verriet etwa eine Grazer Volksschullehrerin dem „Standard" unter dem gleichnamigen Titel der Reportage.

Also, ich habe ja in den letzten 20 Jahren an mehreren Schulen gearbeitet, und da war keine dabei, in der die Kinder *nicht* so etwas (oder so etwas Ähnliches) wie „Winkerlstehen" mussten (von anderen Sanktionen, übrigens auch solchen, die ich in höchster Not selber angewendet habe, rede ich lieber gar nicht). Ich habe Lehrerinnen kennengelernt, die nur noch brüllen, wenn sie reden; Lehrerinnen, die sich ihre Schüler mit böser Ironie und Sarkasmus auf Distanz zu halten versuchen; Lehrerinnen, die in eine Klasse gehen, als würden sie in den Krieg ziehen, und schlimmer noch: als befänden sie sich mitten im Partisanenkampf, nur dass sie dabei weder Waffen noch Tarnung noch Deckung haben. Alles ganz normale Lehrerinnen. Oder besser ausgedrückt: alles Leute, die irgendwann einmal „ganz normal" Lehrerinnen werden wollten.

Und alles Leute, denen seit Jahren und Jahrzehnten aus sämtlichen Ecken der Gesellschaft heraus gesagt wird, was sie alles falsch machen und wie sie es besser machen müssten. Wundert es da, dass sich viele Lehrerinnen wie Knochen fühlen, mit denen andere ihre politischen Suppen kochen? So etwas geht ans Mark.

Ich erinnere mich, dass ich irgendwann begann, jedes Mal ein schlechtes Gewissen dafür zu entwickeln, wenn ich krank wurde.

Und jetzt muss ich sagen: Ich werde im Winter regelmäßig und oft krank. Husten, Schnupfen, Heiserkeit führen bei mir regelmäßig zu bronchialen Infekten, meist erfolgt die erste Attacke bereits im September, die letzte knapp bevor die Maiglöckchen kommen. Und ich weiß nicht, warum. Gut, meine Tochter bringt immer wieder einmal etwas aus der Schule nach Hause, und mein Bub setzt in der Volksschule offenbar gerade sein Immunsystem neu auf, das überstehst du als praktizierender Vater nicht so mir nichts, dir nichts. Trotzdem dachte ich, meine in auffälliger Häufung auftretenden Krankenstände würden etwas mit meinem Beruf zu tun haben. Falsch gedacht! Winterkrank war ich in meinem früheren Leben als Journalist auch, nur kannst du in der Funktion eines stellvertretenden Chefredakteurs (der ich zuletzt war) mit einer ausgewachsenen Bronchitis immer noch telefonieren, stundenlang Fotos für das Titelblatt aussuchen und anschließend ein paar „originale" Leserbriefe in die Tastatur klopfen. Als Lehrerin geht schon mit einem gröberen Schnupfen genau gar nichts mehr. Du stehst ab dem Moment, da du das Schulhaus betrittst, nein, nicht an der Front, aber auf der Wanderbühne. Minute für Minute, vier, fünf, sechs Stunden am Stück, in einer Sprechrolle mit Publikum, dem du noch dazu einreden musst, dass es von dir etwas wollen sollte. Will es nur immer öfter nicht. Das verursacht Ärger. Und irgendwann stehst du neben dir, läufst rot an und brüllst, dass, siehe oben, über dir die Neonröhre zuckt und am Boden die Tafelkreide zittert.

Ich weiß schon, es gibt das Schlagwort vom schülerzentrierten Unterricht. Die Lehrerin solle sich zurücknehmen, das Kind stehe im Mittelpunkt, wer mit Wochenplänen arbeite, lasse dem Kind mehr Eigenverantwortung und werde selber nur zur Moderatorin etc., etc., blabla. MACHEN WIR EH ALLES. Trotzdem muss die Mathematik-Lehrerin den pythagoreischen Lehrsatz irgendwann erklären, damit ihn der talentierte Schüler später üben kann; die Musiklehrerin muss vorsingen, was beim Krippenspiel im Stiegenhaus vor Weihnachten aufgeführt werden soll, wenn der Herr Inspektor zuschauen kommt, nicht einmal die Turn… „Bewegung und Sport"-Lehrerin kommt ohne Stimme aus. Als einmal eine mir bekannte Kollegin im Zuge ihrer Schiedsrichtertätigkeit für ein Handball-Turnier ein Pfeiferl verwendete, wurde sie von ihrem Chef ermahnt.

- *Wir sind ja hier nicht in einem Zirkus, wo wir die Kinder nach unserer Pfeife tanzen lassen, Sie haben ja sonst auch ein gutes Organ.*
- *Aha? Und spenden Sie mir Ihres, wenn meines versagt?*

Und glauben Sie „da draußen" ja nicht, in den Pausen hätten Lehrerinnen wirklich Pause!

- *In einem Zimmer kann kein Bodennebel sein, Herr Lehrer, oder?*
- *Wie meinst du das, in einem Zimmer? Normalerweise nicht. Nebel entsteht, wenn … Was willst du mir eigent…*
- *Dann kommt aus dem Geografiekammerl, wo der Patrick die alten Karten schlichten soll, gerade Rauch.*

Oder das:

- *Herr Lehrer, schnell, der Dominik drückt der Sabrina schon eine Minute den Kopf hinunter.*
- *Das wird sie aushalten.*
- *Aber im Aquarium!*

11 Ich Ali, du baba

Einmal wurde unsere Schule von einer jener Reporterinnen besucht, die, ehe sie sich an ihre Migrationshintergrundtexte setzen, gern das Qi einer solchen Schule in sich aufzunehmen pflegen. An sich kein ganz unverständlicher Zugang, und meine Chefin hat diesbezüglich ein offenes Ohr.

- *Am besten, Sie gehen in die 4A.*
- *Fein! Wie viele ... ich meine ...*
- *Ich glaube, so etwa 90 Prozent, am besten, Sie fragen die Kinder selber.*
- *Die Kinder selber? Ist das nicht ... ich meine ... kränkt man sie nicht, wenn ...*
- *Warum sollte man Kinder kränken, wenn man sie fragt, welche Muttersprache sie sprechen? Außerdem sind die meisten sowieso Österreicher.*
- *Österreicher? Ich dachte ...*
- *Vom Pass her sind die meisten Österreicher. Deutsch können sie halt nicht.*

Wäre es der Redakteurin mehr um einen wachen Blick als um

ein politisch korrektes Lächeln gegangen, als sie sich in der Zehn-Uhr-Pause das Stiegenhaus hinauf in den dritten Stock schleppte und dabei wie ein Lachs gegen den Strom der Kinder ankämpfte, die sich auf dem Weg zum Schulbuffet im Erdgeschoß befanden, hätte sie die internationale Lage auf Anhieb richtig beurteilen können. Auch ein Blick an die Wände hätte genügt. Dort verewigt sind die Namen der Schüler dieser und vergangener Tage: Jovica, Ivan, Radomir, Mehmet, Ahmet, Ali, Gülten, Gülden, Ayse, Tomas, Danijel, Daniel, Snezana, Ivana, Rusicza, Nena, Kristof, Magomed usw. Dazwischen die Plakate ihrer Lieblinge: Goga Sekulić, MC Stojan, Tarkan, Mustafa Sandal, Edyta Górniak usw. Ein namentlich nicht gezeichnetes Plakat weist seine Schöpferin als türkischstämmig aus, obwohl es einer US-amerikanischen Pop-Sängerin huldigt. Neben einigen Fotos des Stars prangt der Name, selbst gemalt, ausgeschnitten, aufgeklebt: Christina Agülera mit ü. In der Klasse angekommen, ließ die Reporterin prüfend ihren Blick durch die Reihen schweifen, bei Aleks blieb er hängen.

- *Aha, dann ist das also eines Ihrer wenigen deutschsprachigen Kinder ...*
- *Nein, nur unser blondes.*
- *Oh.*
- *Der Bub heißt Aleks. Vater Serbe. Mutter Serbin.*
- *Oh. Er schaut gar nicht so ... ich meine ...*
- *Doch, doch. Es gibt auch blonde Serben von schmächtiger Statur.*
- *Ja, natürlich. Und, äh ... welche Kinder sind dann richtige Österr...*
- *Jasmin. Er fehlt heute. Sein Vater ist zwar Bosnier, aber die Mutter ist, glaub ich, aus Floridsdorf.*
- *Und ist da für Sie als Lehrerin ... ich meine, unterscheidet sich eine solche Klasse von einer norm..., ich meine ...*

- *Am Verschleiß der Rotstifte.*
- *Bitte?*
- *Nichts, war nur so dahergesagt.*

Szenenwechsel also mit Aleks zu einem sogenannten „Nachbarschaftsfest" im nahegelegenen Park, wie es in Wien gerne begangen wird, um dort Leute einander näherzubringen, die dorthin sonst entweder nur Gassi gehen (Menschen ab 50 mit Pudeln über 10) oder dort ihre Rangordnungen herstellen (Menschen unter 15 mit Messerklingen bis zu 20). Es wurde ein voller Erfolg. Die Schüler staunten über die überraschenden Darbietungen der Polizisten aus der nahegelegenen Wachstube (Thema der Präsentation: Unterschied zwischen Butter-Messer und Butterfly-Messer), standen sich für Blutdruckmessungen am Wagen des Roten Kreuzes geduldig die Füße in den Bauch (Thema: Mit 14 Jahren darf man 100 Kilo haben, man muss aber nicht). Sie übertrafen sich bei den Geschicklichkeitsübungen: Fahren auf befugt in Betrieb genommenen Fahrrädern; Gehen ohne spucken; Sprechen von fünf-Sätzen-im-Stück mit/ohne Schimpfwort. Und sie übten sich im richtigen Konsumverhalten: Wer etwas kauft, bringt danach auch das Geld dafür zur Kassa. Hier war es also, dass Aleks seine Zukunft neu ordnete.

- *Frau Lehra, ich weiß jetzt, was ich werden will.*
- *Ja, Aleks?*
- *Polizist.*
- (Schreckminute) *Aleks, ganz ehrlich, ich würde mir da keine großen Hoffnungen machen.*
- *Wieso, ich bin eh blond.*
- *Aleks, das hat mit blond nichts zu tun, sondern ... wie soll ich sagen ...*

Also sagte die Lehrerin vorläufig einmal nichts. Doch leider ließ Aleks nicht locker:

- *Warum soll ich nicht Polizist werden?*
- *Ich weiß ehrlich nicht, ob du dafür die nötigen Qualif... also Vorausetz... also, ob du das kannst.*

Dazu muss nun angemerkt werden, dass Aleks, wie gesagt, nicht nur klein und schmächtig ist – wenn z. B. der Turnlehrer die Stirnreihe abgeht, kriegt er nie die Stirn zu sehen, sondern quasi aus der Vogelperspektive immer nur den Schopf über der Stirn; und als die Klasse Aleks' 14. Geburtstag feierte, stellte sich die Lehrerin sicherheitshalber hinter ihn, damit ihn beim Ausblasen der Kerzen nicht der Rückstoß zur Klassentür hinauswehen würde –, wie gesagt, darum ging es gar nicht, aber Aleks schreibt so gut wie kein Wort richtig, die eigene Wohnadresse inklusive.

- *Aleks. Wo wohnst du? In der Favuritnastraße?*
- *Ja. Nummer (soundso) Stiegefünfstrichzweistrichdrei.*
- *Meinst du Favoritenstraße?*
- *Hab ich ja eh geschrieben.*
- *Nein, du hast Favuritnastraße geschrieben.*
- *Sag ich ja.*
- *Aleks. Morgen nimmst du einen Stadtplan mit, verstanden?*
- *Einen was?*
- *Vergiss es, ich bring dir morgen einen mit.*

Aber jetzt weiter im berufsvorbereitenden Palaver:

- *Aleks, du musst dort eine Aufnahmsprüfung machen.*
- *Wem k.o. schlagen?*

- *Nicht wem, dritter Fall, sondern wen, vierter Fall. Und noch besser: jemanden. Nein, nicht jemanden k.o. schlagen!*
- *Wem mit dem Auto verfolgen?*
- *Nein, nicht wen mit dem Auto verfolgen.*
- *Was dann?*
- *Lesen, schreiben, sprechen.*

Und um bei dieser Gelegenheit einmal mit einem Mythos aufzuräumen: Früher haben die Leute auch nicht besser gelesen, geschrieben und gesprochen. Sie mussten es nur nicht. Oder anders gesagt: Die so genannte Arbeitswelt hat es nicht von ihnen verlangt. Seit sie das tut, ist Feuer am Dach: So musste vor ein paar Jahren der Versuch, ein paar Hundert auszurangierende Postbeamtinnen auf Polizistinnen umzuschulen, als „im ersten Anlauf gescheitert" ad acta gelegt werden, weil zwei Drittel der Bewerber und Bewerberinnen, erraten: den Deutschtest nicht schafften! Alles echte Österreicher und -innen, im Alter 50+, etabliert in Beruf und Familie, beschult in der guten, alten Zeit – die trotzdem nicht ausreichend Deutsch schreiben oder lesen konnten. Schluss also für immer mit: Als es noch keine Zuwanderer gab, sind in der Schule alle viel g'scheiter gewesen.

Denn sogar unter diesen – nur der Vollständigkeit halber – gibt es kleine Sprachgenies. Ayse zum Beispiel hat ein Sprachgefühl, wie du es selbst unter eingesessenen Österreicherinnen nicht oft findest. Sie spielt mit der Sprache wie die ORF-Wetterfee Eser Ari-Akbaba in den Wiener Wetternachrichten mit den Wolken. Als ich einmal an einem neuen Kinderbuch arbeitete, ließ ich Ayse an meinem Schöpfungsprozess teilhaben. Wie Sie sehen werden, aus gutem Grund:

- *Was klingt besser, Ayse: „Dann ging er fort" oder „Dann ging er weg"?*

- *Warum wollen Sie das wissen?*
- *Ich schreibe ein Buch.*
- *Das muss ja ein spannendes Buch sein ...*
- *Lass das meine Sorge sein. Also fort oder weg?*
- *Wer geht fort in dem Buch? Ist es ein Mann oder eine Frau?*
- *Ein Mann.*
- *Dann „fort".*
- *Aha, und wie kommst du darauf?*
- *Männer gehen fort. Frauen gehen weg.*

Nimmst du es einer solchen Akrobatin der Sprache krumm, wenn sie „Männer" mit Dehnungs-h schreibt statt mit doppeln? Nein, im Gegenteil, so eine lässt du in deinen Stunden sogar Kaugummi kauen, wenn du es nicht siehst – und das gelingt dir nach fünfzehn Dienstjahren. Ayses Mutter hast du im Mama-spricht-Deutsch-Kurs, der eine Saison lang an deiner Schule abgehalten wurde, bevor man ihn mangels Kundschaft wieder aus dem Programm nehmen musste, auf das Talent ihrer Tochter angesprochen:

- *Ihre Tochter ist in Deutsch wirklich sehr gut. Sie hat ein unglaubliches Sprachgefühl. Sie bräuchte aber Nachhilfe in Ortho... in Rechtsch... in Schreiben. Da macht sie Fehler, die wir in den normalen Deutschstunden nicht wegkriegen. Vor allem dann nicht, wenn sie die Hausübungen nie macht.*
- *In Volksschule war auch so. Lehrerin hat gesagt, Ayse braucht Nachhilfe in Schreiben.*
- *Und?*
- *(Frau Ö. lächelt milde) Jetzt keine Zeit mehr für Nachhilfe in Schreiben. Muss nach Schule Nachhilfe in Rechnen. Und am Abend muss helfen bei Arbeit.*

- *Aha. Ayse hilft Ihnen abends. Beim Kochen?*
- *Nein, putzen Büro. Mann nix kriegt Arbeit. Muss putzen Büro.*

Mann nix kriegt Arbeit. Frau kriegt Arbeit in Reinigungsfirma und nimmt ihre Töchter mit, damit sie so schnell fertig wird, dass sie zu Hause auch noch Haushalt und Kochen erledigen kann. Leider nicht gerade ein Ausnahmeszenario in der Klientel, mit der es die gemeine Wiener Pflichtschullehrerin zu tun hat.

Die ohnehin geringen Jobaussichten für Menschen mit anderer Muttersprache werden noch einmal geringer, wenn es sich um Zuwanderer islamischen Glaubens handelt, und gehen praktisch gegen Null, wenn es „Kriegsflüchtlinge" sind. Wo Moslems in Österreich – überwiegend Türken, weit abgeschlagen dahinter Tschetschenen und die wieder mit großem Respektabstand vor Syrern, Afghanen oder Iranern – trotzdem Arbeit finden, zeigt eine andere Zahl: 85 Prozent von ihnen sind Arbeiter und Hilfsarbeiter. Man findet sie am Bau, im Lastwagen, in den Lagerhallen. Zum Vergleich: Nur noch 22 Prozent der Alt-Österreicher sind in diesen Branchen zu finden. Und: 39 Prozent aller Migranten in Österreich – das ist mehr als jeder Dritte – arbeiten unter ihrem Ausbildungsniveau …

Unser „differenziertes" Schulsystem bringt es mit sich, dass sich diese Zustände von Generation zu Generation perpetuieren. Dementsprechend die Leistungsverteilung. Ein Blick auf das Kleingedruckte in der PISA-Studie zeigt das Problem in seiner ganzen Dimension: In den bereits mehrfach erwähnten „Risiko-Gruppen" sind prozentuell doppelt so viele „Kinder mit Migrationshintergrund" wie in der Gesamtgruppe der Testpersonen, wo sie offiziell 15 Prozent ausmachen. 34 Prozent bei den Naturwissenschaften! Jeweils 28 Prozent in der Lese- und Mathematik-

Risikogruppe. Umgekehrt erzielen in den Spitzengruppen Kinder von Zuwanderern im Schnitt deutlich geringere Leistungen als Alt-Österreicher. Bei den Naturwissenschaften sind gerade mal 2 Prozent der Kinder in der Spitzengruppe „Migrations-Kinder", 3 beim Lesen, 5 in Mathe.

Und glauben Sie ja nicht, diese Umstände würden sich mit der Zeit verbessern oder gar ändern. Exemplarisch geschildert, läuft Integration in Österreich in der Praxis so ab:

Gülden ist das dritte Kind anatolischer Zuwanderer, die es vor ihrer Auswanderung auf jeweils sechs Jahre Dorfschule gebracht hatten. Nach Beendigung ihrer Schulpflicht in Wien wird sie ins richtige Leben entlassen, bis dahin ist sie acht Jahre lang mehr oder weniger nur mit anderen Güldens und Alis zusammen gewesen. Mit viel Bauchweh hat sie den Hauptschulabschluss geschafft (bei vielen ihrer Freundinnen hat es aufgrund sprachlicher Defizite nur zum Abschluss der Sonderschule gereicht). Sie findet später abwechselnd Teilzeitjobs als Putzfrau, Küchenhilfe oder geringfügig Beschäftigte in einem Handy- oder 1-Euro-Shop, wo sich die Kundenklientel wieder nur aus Güldens und Alis zusammensetzt. Eines Tages lernt sie Ali kennen, kriegt mit ihm statistische 2,4 Kinder[38], nämlich Gülden, Ali und (einen knapp halben ☺) Mehmet. Sie spricht immer noch kein alltagstaugliches Deutsch (und schon gar kein fortgeschrittenes Türkisch), sie ist in beiden Sprachen nicht in der Lage, sinnerfassend Texte zu lesen (daher gibt es in ihrem Haushalt auch kein einziges Buch), sie kann selbstständig kein Formular ausfüllen, sie kann eine Speisekarte nur mühsam dekodieren, Kommunikation außerhalb ihrer Community ist so gut wie unmöglich.

Als sie ihre Kinder ins letzte Kindergartenjahr steckt, weil und wie es das Gesetz von ihr mittlerweile verlangt, konstatieren die Pädagogen und Sozialarbeiter bei Gülden, Ali und Mehmet ein unter der Bezeichnung „doppelter Semilingualismus"

(= zweifache Halbsprachigkeit) bekanntes Sprachdefizit. Die Kinder sprechen abwechselnd entweder schlechtes Deutsch, in das sie Begriffe ihrer Muttersprache einfließen lassen, oder schlechtes Türkisch, das sie mit deutschen Wörtern spicken. Die Volksschullehrerin, wohnortbedingt in einer Klasse mit knapp 100 Prozent Kindern mit anderer Muttersprache als Deutsch, gibt verzweifelt ihr Bestes, um diese Defizite auszugleichen – und empfiehlt Mutter Gülden schließlich, ihre Kinder unter Zuteilung eines „sonderpädagogischen Förderbedarfs" (SPF) in Deutsch in die Hauptpardonneuemittelschule zu geben. Dort sind Gülden, Ali und Mehmet vier weitere Jahre mit Güldens, Alis und Mehmets zusammen, dazu kommen Milenas, Snezanas und Dalibors, dazwischen vereinzelt ein Kevin, ein Patrick, eine Jessica. Ab der zweiten Klasse bekommen sie den „sonderpädagogischen Förderbedarf" auch in Englisch. Mit 15 wird Gülden als älteste der drei ins „richtige" Leben entlassen. Mit viel Bauchweh schafft sie den Pflichtschulabschluss und dann geht es mit dem Satz „Nach Beendigung ihrer Schulpflicht ..." von vorn wieder los, siehe oben.

Dass Güldens IQ durchaus im österreichischen Durchschnitt liegt und sie gewisse Talente in Richtung technisches Verständnis besitzt, bleibt schon deswegen ohne Folgen, weil sich niemand dafür interessiert. Gülden, so hat es ihr ganzes Schulleben lang geheißen, soll „zuerst einmal ordentlich Deutsch lernen". Dass Ali grafisch begabt ist und mit einem anderen Elternhaus vielleicht auf einer Grafischen oder Kunstakademie landen würde, bleibt ohne Folgen. Okay, er zeichnet schön, aber „zuerst soll er einmal ordentlich Deutsch lernen". Dass Mehmets Verhaltensauffälligkeit mit den ständigen Arbeitsplatzproblemen seines Vaters zu tun hat und er deswegen nur jeden zweiten Tag zur Schule kommt, obwohl unter seinem Lockenschopf ein Mathematiktalent sitzt, nehmen die Lehrerinnen zur Kenntnis. Er bekommt in Mathe keinen SPF, obwohl er die einfachsten Textrechnungen nicht lösen kann. Nebenbei wird er zum „Zigeuner"-Hasser. Eine Gruppe Dalibors hat ihm zweimal hintereinander im Park das Handy abgenommen. Mehmet landet auf einigen Umwegen, die ihn mit dem Gesetz in Konflikt bringen, schließlich am Nummernausgabeautomaten des AMS. Dort trifft er seine Schulfreundin Snezana wieder. Sie ist im fünften Monat schwanger. Obwohl sie eine „Zigeunerin" ist, macht er ihr den Sitzplatz frei. Irgendwie ist er schon während der Schulzeit auf sie gestanden ...

Ein gesellschaftspolitisches Desaster. Oder anders ausgedrückt: Ja, es gibt in Österreich inzwischen so etwas wie eine „Parallelgesellschaft". Diese auflösen zu helfen bzw. sie nicht weiter wachsen zu lassen, ist eine der Aufgaben der Schule, die nur gelingen kann, wenn alle Betroffenen mitspielen.

Zum Abschluss dieses Kapitels und als Überleitung zum nächsten hier ein Auszug aus einem Interview mit dem deutschen bildenden Künstler und Schriftsteller Feridun Zaimoglu (Berliner Literaturpreis 2016; jüngster Roman „Siebentürmeviertel", 2015), das der Journalist Stefan Apfl anlässlich eines Wien-Auftritts des Künstlers im Bildungszentrum der Arbeiterkammer für den „Falter"[39] geführt hat. Das Interview erschien unter dem Titel: „Der Kanake ist tot, es lebe der Muselmann". Was es *mir* sagt, gleich vorweg: Dass der Zuwanderer nicht nur ein Hol-Recht hat, sondern auch eine Bringschuld. Aber vielleicht lesen ja Sie etwas anderes heraus.

? Herr Zaimoglu, Sie sprachen kaum Deutsch, als Sie in die Volksschule kamen. Was hat bei Ihnen geklappt, was bei vielen anderen nicht klappt?

! Meine Eltern haben gesagt, nie wird es so sein, dass dieses Land unser Land wird. Wir sind Türken und wir wer-

den eines Tages zurück in die Türkei gehen. Aber ihr, meine Schwester und ich, ihr seid später dazugekommene Deutsche und ihr lernt jetzt eure spätere Muttersprache. Das war die Ermunterung, die harte Erziehung, wir haben das letzte Krötengeld in unsere Ausbildung investiert.
? Was tun mit Kindern, die nicht dieses Glück haben?
! Man muss auch zuweilen gegen den Willen der Eltern auf die Zukunft der Kinder setzen: in den Kindergarten, in den Deutschunterricht mit ihnen.
? Welche Chancen haben Kinder türkischer Eltern, die Klassen mit vielleicht zwei, drei deutschen Kindern besuchen?
! Sie haben keine große Chance. Das ist nämlich Blödsinn.
? Und Realität.
! Ja, aber das ist ja nicht einfach so passiert. Man verschweigt die Tatsache, dass die Ausländer in Türkenvierteln untergebracht worden sind. Wie konnten sie es sich denn aussuchen, wenn sie sich zunächst gar nicht auskannten? Und das zieht sich bis heute weiter fort. Plötzlich spricht man von Parallelgesellschaften und gibt die Verantwortung an die Ausländer ab. Das ist eine infame Verleumdung. Die Realität ist tatsächlich, dass es hier einige Viertel gibt, in denen die fremdstämmigen Kinder, die weder böse noch blöd sind, unter sich bleiben. Dann ist Sense mit dem Spracherwerb. Das muss man jetzt unterbrechen und man muss dabei ehrlich sein.
? Wie unterbricht man das?
! Indem man die Kinder verteilt, auf Klassen mit Österreichern und Deutschen in der Mehrzahl. Das macht man aber nicht, weil die Bürger dann protestieren gehen, genau wie bei Moscheen. Der Unterricht wird darunter leiden, wir wollen die Kanaken nicht und so weiter.
? Ihre Mutter hat Ihnen im Alter von neun Jahren den Um-

gang mit türkischen Kindern verboten. Haben Sie sich an das Verbot gehalten?

! Ja. Verbote stinken einem Kind immer, das ist klar. Was will denn ein Kind? Süßigkeiten futtern, lange aufbleiben, spielen. Bestimmt nicht Hausaufgaben machen und sicher nicht eine fremde Sprache lernen. Meine Mutter und mein Vater haben also sehr darauf geachtet. Und irgendwann wurde es uns zu einer Normalität.

Und nur damit jetzt keiner glaubt, Migration sei primär ein österreichisches Phänomen – fast hätte ich Problem geschrieben ☺ –, hier noch ein paar Zahlen: Weltweit haben sich die Wanderströme in den letzten 15 Jahren um mehr als 40 Prozent erhöht. Bei dieser Zahl kann man durchaus von einer modernen Völkerwanderung sprechen. Laut einem Anfang 2016 veröffentlichten Bericht der UNO gibt es weltweit derzeit 244 Millionen Migranten, d.h. Menschen, die in einem anderen Land leben, als sie geboren sind. Rund 76 Millionen davon leben in Europa, 75 Millionen in Asien, gefolgt von Nordamerika (54 Millionen) und Afrika (21 Millionen). Das Land mit den weltweit meisten Menschen mit migrantischem Hintergrund sind nach wie vor die USA: 47 Millionen listet die UNO für das Jahr 2015 auf, darauf folgen Russland und Deutschland mit jeweils 12 Millionen Zuwanderern und Saudi-Arabien mit 10 Millionen. Die meisten Auswanderer weltweit stammen aus Indien (16 Millionen), gefolgt von Mexiko (12 Millionen).[40]

12 Sprichta in Pause Deitsch!

In einer jener Zeitungen, die einem z. B. vor U-Bahn-Stationen so lange entgegengestreckt werden, bis man hingreift, war eines schönen Tages eine positive Schlagzeile zum Thema Zuwanderung zu lesen gewesen: „Österreich: Wölfe sind als Zuwanderer gern gesehen". Darunter im Text: „Eine länderübergreifende Strategie zur Wiedereinwanderung der Tiere ist in Vorbereitung. Etwaige Schäden werden einheitlich geregelt."

Das wird den zuwandernden Wolf gefreut haben, dass man ihn medial derart freundlich willkommen heißt. Menschen als Zuwanderer kommen leider nicht in den Genuss eines solcherart veröffentlichten Wohlwollens, vor allem dann nicht, wenn sie aus der Wiege Europas hier einwandern, also aus dem nahen und dem etwas weniger nahen Osten. Da werden seit Jahren nur noch Strategien zur Lieber-nicht-Zuwanderung diskutiert und für den Fall, dass der „Wolf in der Burka" schon da ist, die geeignetsten Ausstiegsszenarien entworfen. Wobei ich auch kein Freund der Burka bin. Und zwar definitiv nicht: In einer meiner Glossen[41] zu dem Thema begann ich mit der Frage einer Leserin:

„Heute der eigene Schwimmtag für Musliminnen, morgen die Burka in der Schule! Das finden Sie richtig?"
    Nein, gnädige Frau, finde ich nicht richtig. Im Gegenteil! Hijab, Tschador, Burka, Çarsaf, Niqab gehören in Kindergärten,

Schulen oder Ämtern VERBOTEN. Und offen gestanden will ich verschleierte Frauen auch auf der Straße nicht sehen. Und zwar aus Gründen der Psychohygiene. Weil, ja, Frauenrechte sind eine Errungenschaft, die es zu verteidigen gilt! Siehe auch aliceschwarzer.de/artikel/alice-schwarzer-der-faz-fuer-ein-burka-verbot-265182

In einer anderen Glosse schrieb ich[42]:

Wer gegen die Burka sei, müsse auch gegen das Kopftuch sein, mailt Kollege Mag. A. Hruby. „Das sind Sie aber nicht, wenn ich Sie richtig lese. Daher kaufe ich Ihnen Ihren ‚Hass' auf die Burka nicht ab."
Doch. Ich bin für das Burkaverbot, strikt, und zwar EU-weit. Und gleichzeitig bin ich für Toleranz gegenüber dem Kopftuch. Auch in der Schule. Auch bei dort unterrichtenden Lehrerinnen. Warum? Weil das Kopftuch ein persönliches, oft ästhetisches, manchmal religiöses, vereinzelt sogar feministisches Bekenntnis symbolisiert, das per se noch keinen Rückschluss auf eine antieuropäische Haltung zulässt. Es ist eine Facette unserer Kultur, die man mögen kann oder auch nicht, aber es untergräbt diese nicht. Anders die Burka, die ich für eine Kampfansage an Kultur und Werte unserer Gesellschaft halte (und zudem für ein Sicherheitsrisiko). Wobei manche Menschen ihre Burka in ihren Köpfen tragen, siehe Köln. Dass Engstirnigkeit, gepaart mit inakzeptabler Respektlosigkeit gegenüber Frauen, viel öfter ein ganz anderes Gesicht haben, zeigt ein aktueller Vorfall an einer Wiener NMS: Lehrerin begrüßt die Eltern eines Schülers zum KEL-Gespräch. Freundlich schüttelt sie die Hand der Mutter, dann streckt sie ihre Hand dem Vater entgegen. Der zuckt nicht nur reflexartig zurück, er wischt seine Hand auch noch demonstrativ angeekelt an seiner Hose ab und stammelt: „Tschuldigung,

Iran, Religion." Meine Kollegin: „Mit Mutter und Sohn habe ich freundlich geredet, aber der Vater hat zwanzig Minuten an mir vorbeigeschaut. Ich war fassungslos, aber was hätte ich tun sollen?" Sag ich Ihnen: Ihn stantepede hinauswerfen: „Tschuldigung, Österreich, Kultur!"

Wobei ich jetzt schon sagen muss: Leider verabschieden sich einige von uns immer mehr von unserer „Kultur", wenn es um das Thema Ausländer, Zuwanderung und flüchtende Menschen geht. Auch dazu ein paar Zeilen aus einer meiner Kolumnen[43]:

Weil die 4B jetzt Orwell liest – zurzeit erinnert in Europa ja vieles an Orwell. Du brauchst nur über die Grenzen zu schauen, überall Animal Farms und Big Brothers. Und bei uns zum Zwecke der geistigen Schub-Umkehr die Sprach-Umkehr. Wie konnten „politisch korrekt" und „Gutmensch" etwas Negatives werden? Fordern wir politische Unkorrektheit? Wollen wir Schlechtmenschen sein? Gerade geht es der „Willkommenskultur" an den Kragen. Ist es falsch, eine Kultur zu pflegen, die „willkommen!" sagt, statt „geht's scheißen"? Welcher Begriff ist als nächstes dran? Nächstenliebe?

- *Herr Lehrer, was heißt eigentlich Willkommenskultur?*
- *Weiß ich nicht mehr. Ich dachte, wir hätten eine. Aber jetzt doch nicht. Ursprünglich war es, glaub ich, etwas Gutes.*

Jetzt stellen sie sich hin und posaunen: Schluss mit der Willkommenskultur! Nieder mit den Willkommenen! Weg mit ihnen. Weg – oder es kr...

Noch ist kein Schuss gefallen, aber früher oder später wird es passieren. Machen wir uns nichts vor: Mit zig Millionen Menschen auf dem Sprung nach Europa werden wir SO nicht fertig werden. SO nicht, sage ich. Nicht mit Nationalismus, Obergrenzen, Zäu-

nen, Zähnefletschen und menschlichem Vereisen. Der Strom wird
SO aus seinen Ufern treten, auf beiden Seiten des Bettes.

In ihrem fünfbändigen Sci-Fi-Zyklus „Canopus in Argos: Archive" hat Nobelpreisträgerin Doris Lessing vor fast 40 Jahren das Schicksal eines zerbrechenden Europas vorweggenommen: überschwemmt von Menschen auf der Suche nach Überleben; herumziehende marodierende Horden, Selbstjustiz, Zusammenbruch der staatlichen Gefüge, Aufgabe. Doris Lessing war Migrantin. Im Iran geboren, in Simbabwe aufgewachsen, gestorben in England. Das erste der fünf Bücher der „Archive", das apokalyptische „Shikasta", hat sie ihrem Vater gewidmet:

„Für meinen Vater/der Stunde um Stunde/Nacht um Nacht/ vor unserem Haus in Afrika saß/und die Sterne beobachtete/‚Na ja', pflegte er zu sagen/‚wenn wir uns selbst in die Luft jagen:/ Da, wo wir herkommen/gibt's noch mehr als genug!'"

Traurig heute meine Kolumne, ich weiß, aber wie gesagt, die 4B liest Orwell.

In Peter Resetarits' heiß diskutiertem „Bürgerforum" im November 2015, als ein Vertreter der „Pegida" (jener Bewegung, in der sich die militante Widerstandsfront gegen Ausländer im gelobten Inland formiert) seine Thesen zum Besten gab, ließ sich denn auch der rote Faden, der durch die Sendung führte, in etwa so nachzeichnen:

a) Wer sich nicht anpasst, hat hier nichts verloren.

b) Außerdem können sich die gar nicht anpassen.

c) Und Deutsch sollen sie gefälligst können, wenn sie mit einem reden.

In Oberösterreich, wo es 2015 zu einer schwarz-blauen Regierungskoalition kam, wurde für die Schulen sogar ein Deutsch-Gebot für Schulpausen ausgegeben. Jetzt sage ich: So falsch gedacht ist das natürlich nicht. Wenn etwa vier bosnische Kinder bei jeder sich bietenden Gelegenheit in ihre Muttersprache switchen, sobald sie unter sich sind, werden sie den gepflegten Palaver auf Deutsch nie lernen. Das führt dazu, dass Bogdan später vor allem deswegen Bodenverleger wird, weil Milans Bruder auch Bodenverleger ist, die Parketten nur noch bei Jovica einkauft, weil der ihn versteht, abends im Café Jugo auf Seka Aleksić abfährt und am Amt den neuen österreichischen Pass mit dem serbischen Formular beantragt. So etwas nennt man Parallelgesellschaft. Außerdem: Wenn sich American School und Lycée Français das Recht herausnehmen, Englisch bzw. Französisch als „Schulsprache" einzufordern, warum erst recht nicht die österreichische Schule Deutsch?

Es gibt aber auch ein gewichtiges Andererseits: Mit wem soll Bogdan in der Pause sein *Deitsch* überhaupt sprechen? In den Städten gehen Laurin, Moritz und Daniel sowieso nicht in seine Schule; und welches Deutsch lernt er, wenn ihm Danijel am Gang zuruft: „Gemma nach Schule bei Ali oda gemma Lugna?" Vor allem aber: Glaubt denn einer wirklich, es sei ein Zeichen von „Integrationsunwilligkeit", wenn sich zwei Menschen privat jener Sprache bedienen, die ihnen leichter fällt? Eben. Was also „Sanktionen" angeht – nicht einmal denken. Die Schule als Metternich'scher Polizeistaat? Nein danke! Und dann frag ich mich schon auch: Wie viel Selbstbewusstsein hat eine Gesellschaft, die Menschen vorschreiben will, in welcher Sprache sie ihren privaten Palaver halten dürfen?

Nicht, dass die amtliche „Sprichta-in-Pause-Deitsch"-Verordnung mental nicht auch auf unsereiner abfärbt. Zwei Kolleginnen treffen sich am Gang:

– *Weißt du schon? Du kriegst eine Neue in deine Klasse ...*
(Pause) *Ich hab die Mutter des Mädchens grad beim Chef gesehen.* (Pause) *Meier, wenn ich richtig gehört hab.*

- *Jö!*
- *Wieso jö?*
- *Na, Meier ... endlich wieder einmal eine Österreicherin*[44]*!*
- *Nicht Meier, der Nachname. Maja, der Vorname. Ma-ja. Mit a und j. Syrien oder Iran, glaub ich.*
- *Scheiße.*
- *Was?*
- *Nix.*

Oder, andere Baustelle: Zwei Wochen lang hatte sich die Wiener NMS-Lehrerin (Klassenvorstand, Englisch, Musik) nach Schulbeginn um die Vervielfältigung einer endgültigen Klassenliste herumgedrückt, in der bangen Befürchtung, die Prognose ihres Direktors würde sich noch bewahrheiten, wonach sie heuer eine „kulturell eher durchmischte" Klasse zu erwarten habe. Zum Glück hatte sie sich umsonst gefürchtet, bis Mitte September war kein Stilbrecher aufgetaucht, in der Klasse, 5. Schulstufe, bot sich eine fast schon homogen zu nennende ethnisch-kulturelle Zweiteilung: Gülüzah, Metin, Sabid, Hassan, Betimad, Grizda, Mohammed, Halit, Arzu, Verica, Hadice, Smaja, Zivka, Danko, Sanela, Catharin, Bilor, Janta, Branislava, Sladjan, Lenka, Nebosja, Ruzica, Biljana, Rustem, Suzanna, Nadica. So lauteten die Vornamen auf der Elternliste ihrer Schüler. Damit war sie einige Sorgen schon gleich einmal los: Germanisches Liedgut würde sie heuer nicht suchen müssen, von Adventliedern gar nicht zu reden:

- *Kennt denn wirklich keiner von euch ein Adventlied? Lukas, du!*
- *Was für ein Windlied?*

Für den Deutschunterricht würde die Kollegin die Arbeitsblätter ihres fünfjährigen Enkelkinds aus dem Kindergarten verwenden können. Abgesehen natürlich von den Gedichten, denn diese verstehen ihre Schüler beiderlei Geschlechts schon seit Jahren nicht mehr ...

- *Milena hat jetzt auch auf die zweite Deutsch-Schularbeit einen Fünfer bekommen ... Gedichtinterpretation. (Pause) Sie wissen, was das bedeutet?*
- *Nix kriagta mehr neiche Komputer.*
- *Das wäre ein ... äh ... Anfang, aber was ich eigentlich gemeint habe, ...*
- *Und da Papa wirda schlogn, wenna kummt ham von Arbeit.*
- *Nein, nein, Frau Pajic, so schlecht war die Schularbeit ja auch wieder nicht. Wenn man bedenkt, dass Ihre Tochter ja erst vor ein paar Jahren in Österreich ...*
- *Wos liagta wida, da Milena, isa da geboren.*

Apropos geboren. Im Rahmen einer Migration-ja-Migration-nein-Veranstaltung im Wiener Radiokulturhaus stellten kluge Köpfe ein paar Stunden lang die Frage in den Raum, ob der deutschen Sprache der Niedergang drohe. Bis zum Jahr 2050, prognostizierten die Experten, werde Deutsch nämlich zu einer Art „Freizeitsprache" verkommen sein und würden sich die globalen „Verkehrssprachen" auf Englisch, Arabisch, Mandarin, Spanisch, Hindu und Urdu reduziert haben. Und das, wie einhellig beklagt wurde, wo heute mehr Menschen muttersprachlich Deutsch sprechen als je zuvor, nämlich 80 Millionen. In Österreichs Schulklassen jedoch – und das wurde dort dann auch zum Dauerthema – leider nur zur Hälfte.

Angesprochen war damit der in meinen schulischen Breiten so genannte „Misch-Masch-Sprech", eine von Zuwandererkindern praktizierte Mutationssprache, die in der Sprachwissenschaft unter dem Begriff „doppelter Semilingualismus" bekannt ist (hatten wir schon). Beim „Misch-Masch-Sprech" switchen die Kinder unentwegt zwischen einer rudimentär erhaltenen Muttersprache, in die Begriffe der Zweitsprache eingestreut werden, und, umgekehrt, einer nicht korrekt erlernten Zweitsprache, gespickt mit Begriffen der Muttersprache, hin und her. Dies geschieht nach schwer nachvollziehbaren Regeln, eher einer emotionalen denn einer geregelten Syntax folgend, und verhindert den Erwerb sprachlicher Kompetenz in jeder der beiden Sprachen. So ist es eines der erklärten Ziele von „Muttersprachenunterricht", Kindern den Gebrauch von Misch-Masch-Sprech abzugewöhnen.

Mein Kollege Yilmaz Göksel, promovierter Politikwissenschaftler, arbeitet seit vielen Jahren auch als Muttersprachenlehrer an der Schule, an der ich ebenfalls seit vielen Jahren arbeite. Er sagt: „Statt die Sprachen zu mischen, sollen die Kinder lernen, zwischen den Sprachen zu pendeln." Und er erklärt: „Wenn Kinder ihre Muttersprache nicht beherrschen, wenn sie mit dem Vokabular nicht vertraut sind, dann nehmen sie die Fremdsprache, in diesem Fall Deutsch, als Hilfe dazu. Das Kind glaubt dann, aha, ich kann sowohl meine Muttersprache als auch Deutsch. Das täuscht dem Kind etwas vor, was nicht ist. Irgendwann haben die Kinder ihre Muttersprache verloren – und Deutsch nicht dazugewonnen."

Inzwischen geben die Eltern mit „Migrationshintergrund" ihr Bestes. Oder das, was sie dafür halten. Elternsprechtag. Ivanas Mutter ringt verzweifelt ihre Hände:

- *Entschuldigung, Entschuldigung. Aber mein Mann zu Hause nur reden Serbisch mit Kind. Ich schimpfen: Reden Deitsch mit Kind. Sonst Kind nicht richtig lernen Deitsch.*

Wie reagiert die Lehrerin auf so etwas? Höflich oder ehrlich? Sagen müsste sie nämlich:

- *Gnädige Frau, exkulpieren Sie Ihren Gatten bitte umgehend und sprechen Sie selbst auch nur noch Serbisch mit Ihrem Kind. Deutsch lernt es durch Sie sowieso nicht. Aber dafür vielleicht ein wenig Serbisch. Und falls Sie hinsichtlich dieser Kompetenz auf Nummer sicher gehen wollen, schicken Sie Ivana in den Muttersprachenunterricht!*

Sagen tut sie:

- *Alles in Ordnung, Frau Radosavlijevic, Ivana wird immer besser. Sie kennt auch schon ein paar Schlüsselbegriffe und …*
- *Was kennt?*
- *Was ich sagen will, Frau Radosavlijevic: Machen Sie sich keine Sorgen. Ivana ist ein sehr liebes Mädchen.*

Oder das: Entschuldigung für Hasans Fernbleiben durch Hasans Mutter im Mitteilungsheft (Originaltext, rechtschreibfehlerbereinigt):

Mein Sohn konnte am 23.3. nicht in der Schule kommen. Weil er zu eine Schlägerei gehen musste. Ich bitte Sie um die fehlenden Stunden zu Entschuldigung.

Natürlich ist die Bildung der Eltern Teil des Problems. Die „Presse"[45] berichtete über eine vom Institut für Höhere Studien (IHS) veröffentlichte Erhebung und zitierte darin den damaligen IHS-Chef Bernhard Felderer:

(...) Kinder von MigrantInnen bleiben deutlich öfter in der sozialen Schicht ihrer Eltern hängen als angestammt heimische Kinder. IHS-Chef Bernhard Felderer: „Das Problem ist darin zu sehen, dass 30 bis 40 Prozent der Zuwanderer auf niedrigstem Bildungsniveau die Reise nach Österreich antreten." In Zahlen sieht das so aus: Von den hier lebenden erwerbstätigen Ausländern hat jeder Zweite nur einen Pflichtschulabschluss ohne Lehre, bei den Österreichern jeder Vierte. Nur zwei Prozent der aus dem ehemaligen Jugoslawien zugewanderten Menschen überschreiten die Grenze mit einem Hochschulabschluss. Bei Türken trifft das gar nur auf 0,5 Prozent zu. Felderer weiter: „Verfügen österreichische Eltern (ohne Migrationshintergrund) nur über einen Pflichtschulabschluss ohne Lehre, wird das auch bei 38 Prozent ihrer Kinder der Fall sein. Bei ausländischen Kindern ist das zu 61 Prozent der Fall."

Ein Umstand, der sich, ins Klassenzimmer heruntergebrochen, für die Lehrerin so darstellt:

- *Rade, dein Sohnemann ist 13 und kriegt keine drei Wörter am Stück fehlerfrei hin. Was soll denn der Bub eines Tages arbeiten? ...*
- *Wos mit Computer, sagta.*
- *Rade, alle Buben wollen „was mit Computer". Entweder Automechaniker oder „was mit Computer". Ich kann das gar nicht mehr hören: „was mit Computer".*
- *Wos soll i mochn, willa wos mit Computer.*
- *Rade, wenn ihr zu Hause schon Jugo miteinander redet, obwohl du hier in die Schule gegangen bist ...*
- *Wos soll i mochn, Frau nix sprichta Deitsch.*
- *Okay, das ist eure Sache, aber dann schick Milos wenigstens in den Muttersprachenunterricht! Glaub mir, das wird*

sonst nie was ... weder mit Jugo und schon gar nicht mit Deutsch.
- *Milos nix brauchta lernen Jugo, solla glei lernen Deitsch wia i. Und wenna nix lernta gescheit Deitsch, dann gib ihm Watschn ... oda kriagta daham ka neiche Handy mehr.*

Rades Sohn ist Milos. Wenn also Milos' Vater nach mehreren schriftlichen und fernmündlichen Aufforderungen in die Schule kommt, dann duzt ihn meine ältere Kollegin, weil auch Rade schon ihr Schüler gewesen ist, einer ihrer Lieblinge übrigens, ein fleißiges Kerlchen, das nur eine Schwäche hatte: die Sprache. Seinen eigenen Namen inklusive hat Rade während der Schulzeit kein einziges deutsches Wort je richtig geschrieben. Irgendwann hat die Deutschlehrerin w.o. gegeben und nur noch Fleiß und Mitarbeit benotet, das war seinerzeit durchaus in Ordnung: Ein kräftiger Bub aus Jugoslawien, der anpacken wollte und nicht auf den Kopf gefallen war, musste damals Deutsch nicht wirklich beherrschen – und dass er auch seine Muttersprache nicht beherrschte, weil schon seine Eltern diese nicht beherrschten, interessierte keinen. Inzwischen haben sich die Zeiten geändert. Den Arbeitsmarkt von damals gibt es nicht mehr, Rade hat drei Kinder – und bei deren Lehrerinnen läuten die Alarmglocken. Überhaupt, wenn bei Milos spätestens in der Zehn-Uhr-Pause die ersten Zeichen von Lagerkoller sichtbar werden:

- *Milos, warum fasst du schon wieder Kveta an ... behalte deine Hände bitte bei dir.*
- *Ich fass Kveta nicht an, ich schmeiß nur Sabrina bei ihr ...*
- *Das heißt nicht bei ihr, das heißt auf sie.* (Pause) *Und schmeißen ist auch nicht das richtige Wort. Sag vielleicht stoßen, und zwar mit der Präp... also mit „auf". Jemanden auf etwas oder jemanden stoßen, verstehst du?*

- *Stoßen?* (Bruhaha) *Echt?* (Milos kriegt sich vor Lachen kaum ein.)
- *Warum lachst du?*
- *Stoßen.* (Hohoho, lacht weiter)
- (Pause) *Also ich versteh wirklich nicht, was da lus…*
- (Ali meldet sich) *Er tut PornTube schauen, Herr Lehrer …*

Für die Psychohygiene jetzt noch eine kurze Passage aus einem Werbetext des ehemaligen Handybetreibers „Orange", jetzt „Drei":

Ich bin meine Mutter,
die Ärztin war und heute Verkäuferin ist,
und Fatma, die gerade Sponsion gefeiert hat.
Ich bin Topfengolatsche, Döner und Briochekipferl.
Ich bin jedes türkische Gstanzl,
das mein Papa singt,
und Carina, deren Hummus fast besser
schmeckt als der von Oma.
Ich bin Frau Müller von der 3er-Stiege,
die mich schon lange nicht mehr schief anschaut,
und meine Freundin Claudia,
der ich Türkisch beibringe.
Ich bin jeder, der glauben,
ich verstehen nur Nennform,
und alle, die es besser wissen.
Ich bin Erkan.
Und ich bin Österreicher.

13 Last Christmas?

Spätestens gegen November kriegen die Musiklehrerinnen an Schulen wie der unseren den Blues. Da sitzen sie, die Gitarre auf dem Knie, im pädagogisch wertvollen Sesselkreis und stellen fest, dass keiner in der Klasse „O Tannenbaum" kann, von intraalpinem Liedgut wie „Es wird scho glei dumpa" ganz zu schweigen. Mitunter zeigt dann eines dieser Mädchen, denen von einem Tag auf den anderen Zungen-Piercings wachsen, auf und kennt „Last Christmas"[46]. Nun hast du mit deiner Klasse schon die letzten zehn Jahre kein anderes Weihnachtslied mehr einstudiert als „Last Christmas", und einer deiner Neujahrsvorsätze ist gewesen, „Last Christmas" in diesem Leben nie wieder einzustudieren. Also versuchst du es mit „Aba heidschi bumbeidschi". Dieses auf den ersten Blick ins orientalische Fach gehörende Volkslied hat nämlich auch auf den zweiten Blick mit Weihnachten rein gar nichts zu tun, was religiöse Befindlichkeiten obsolet macht, gleichzeitig besitzt die Melodie so etwas wie eine vorweihnachtliche Verve. Fehlschlag! Genauso gut hättest du es mit Bruckners Achter probieren können. Spätestens im Dezember ist „Heidschi" aus dem Rennen. Letzter Versuch:

– Kennt wer von euch „A a a, der Winter, der ist da"?
– Oida!
– Okay. „Very Last Christmas".

Waren das noch Zeiten, als wir in der Klasse alle katholisch waren und die beiden Rothaarigen evangelisch! Für das Entzünden des Adventkranzes plus besinnlichem Schweigen gingen jeden Tag zehn Minuten drauf; Mütter von Kindern, denen ein „Nicht genügend" drohte, schaufelten palettenweise Vanillekipferl in die Direktion, von wo sie dann spätestens im Mai ihren Weg in die Klassen fanden; und das gemeinsame Intonieren von „Maria durch ein Dornwald ging" beim Krippenspiel im Stiegenhaus rührte selbst das härteste Heimleiterherz. Bekanntlich geht die Religion im Land aber inzwischen als Ganzes den Dornwald hinunter.[47] Als Wiener Lehrerin siehst du der „Vanishing Race" des jugendkatholischen Österreich quasi fußfrei beim Verschwinden zu. Gleich zu Schulbeginn pflegen die Klassenvorstände die Formulare für die Abmeldung vom Religionsunterricht auszuteilen. Das geschieht gesetzeskonform und nicht immer ganz suggestionsfrei. Hat eine Schule viele Schüler, die den Religionsunterricht besuchen, welcher Konfession auch immer, hat sie auch viel Nachmittagsunterricht. Einerseits, weil Religion am Vormittag andere Stunden dorthin verdrängt, andererseits, weil es andere Stunden an die Nachmittage bindet. Auch dafür sind ein paar Buchstaben des Gesetzes verantwortlich: Isoliert, das heißt ohne eine andere Unterrichtsstunde vorher oder nachher, darf etwa in Wien „Religion" nicht (mehr) angeboten werden. Mit beiden Maßnahmen – 1) Abmeldung entweder sofort oder gar nicht, 2) Religion nur mit Flankenschutz durch andere Gegenstände – wollen Diözese und Kirchen dem tröpfchenweisen Versickern des religiösen Schullebens entgegenwirken. Erfolgreich?

Nach einer kurzen Belehrung der Schüler kannst du die Hände kaum noch zählen, die in die Höhe schießen, wenn du dann fragst, wer „nicht geht". Natürlich hat das auch etwas mit dem Religionsunterricht per se zu tun.

- *Iwan, Oli und Koni, ihr geht also heuer wieder in Religion. Bravo!* (Pause) *Und warum, wenn ich fragen darf?*
- *Weil ich muss, ich will eh nicht!*
- *Und du, Iwan, warum gehst du?*
- *Weil ich muss. Mein Vater sagt, wer nicht in Religion geht, kann später nicht heiraten.*
- *Oli?*
- *Wegen der Firmung.*
- *Aha, du willst gefirmt werden …*
- *Ja, da krieg ich dann eine Videokamera.*
- (Pause) *Und was macht ihr so in den Reli-Stunden?*
- *Karten spielen.*
- *Karten spielen?*
- *Ja. Das Spiel heißt Amen.*
- *Amen?*
- *Das ist wie UNO. Nur sagt man bei der letzten Karte nicht „uno", sondern „Amen" …*

In meiner aktuellen Klasse sitzen zwei vermeintlich bekennende Katholiken neben fünf vermeintlich bekennenden Moslems und neun vermeintlich bekennenden Serbisch-Orthodoxen, in Wahrheit geht ihnen allen zusammen das liebe Jesulein bzw. der Prophet genauso am A vorbei wie den von vornherein Nichtbekennenden. Wie viele dem Religionsunterricht dann tatsächlich regelmäßig physisch beiwohnen, wollen Sie gar nicht wissen! Damit es jetzt kein Missverständnis gibt: Die Religionslehrerinnen sind frei von Schuld, denn ihr Los ist hart. Zum einen kriegen sie ihre Stunden an immer mehr Schulen eben nur noch an den Nachmittagen, was auch daran liegt, dass die Schulleiterinnen nicht wissen, was sie an den Vormittagen mit all den Kindern machen sollen, die sich abgemeldet haben. Und erzähl einmal unseren Renés und Patricks vom lieben Gott, wenn sie für dieses „Leckerli" um 16.45 Uhr noch einmal in die Schule kommen müssen, im schlimmsten Fall nur wegen Reli, weil Koch… „Ernährung und Hauswirtschaft" vorher oder nachher wieder einmal ausgefallen ist. Dazu kommt die, nennen wir es vorsichtig: besondere Stellung der Religionslehrerinnen. Sie unterrichten einen Pflichtgegenstand, der de facto keiner ist, in Gruppen, die es in dieser Zusammensetzung sonst nicht gibt, zu Zeiten, in denen der Schulwart unter einer Tischbank den letzten Kaugummi langzieht. Da wird Motivation auf eine harte Probe gestellt. Eine mir bekannte Religionslehrerin verriet mir eines Tages ihren Plan, ihre Stunden in Hinkunft als „Sesselkreis rund um eine Kerze" anzulegen. „Das wird nichts", habe ich ihr gesagt, „im Sesselkreis kannst du mit 14-Jährigen bestenfalls Flaschen drehen, und vergiss die Kerzennummer!" Leider ließ sie sich nicht überzeugen. Wer sich ab November in eine ihrer Stunden verirrte, kam sich vor wie in der Praxis eines Paartherapeuten.

Jetzt muss man natürlich sagen: schade. Denn in Zeiten wie diesen wäre seriöser Religionen-Unterricht wohl das geeignetste Mittel im Kampf gegen Radikalisierung, Fundamentalismus und Frauenverachtung unter dem Deckmantel der Religion.

Im „Kurier" nahm ich im Jänner 2016 dazu Stellung. In der Woche davor hatte ich einen Vorfall aus einer Wiener NMS kommentiert, wo sich ein arabischer Vater geweigert hatte, der Lehrerin seines Sohnes die Hand zu geben.

Titel der Glosse: „Her mit der Religion!"

Wie zu erwarten, hat meine letzte Glosse einen Mail-Tsunami ausgelöst. Wenn man dabei wie beim Skispringen die extremsten Positionen aus der Wertung nimmt, bleibt als Konsens Folgendes übrig: Dass der Vater eines Schulkinds mit Verweis auf seine Religion einer Lehrerin die Hand verweigert und sie 20 Minuten lang demonstrativ keines Blickes würdigt, GEHT NICHT. (Ganz gleich aus welchem Grund, s. g. Frau Springer aus Litschau). Entweder freundet sich ein solcher Mann damit an, Frauen so zu behandeln, wie man das in unseren Breiten als respektvoll empfindet – oder er, sagen wir's vorsichtig, bleibt zu Hause. Leser A. Wärber fragt nun: „Wie soll der Mann das lernen, wenn er in der Parallelgesellschaft lebt?" Zum Glück gibt es Antworten. Eine davon kam jetzt indirekt von Harald Walser, Direktor des Gymnasiums Feldkirch, Bildungssprecher der Grünen. Laut „Kurier" sprach sich Walser für einen „verpflichtenden Ethik- UND Religionen-Unterricht" aus.

JAWOHL, Herr Walser!

Ich tu das, mit Verlaub, seit 15 Jahren. Ein für ALLE verpflichtender Religionen-Unterricht, auch und gerade für Kinder a- oder antireligiöser Eltern, z. B. als Ringvorlesung einzelner Konfessionen, die die Ethik in den Mittelpunkt stellt, aber eben KEINE Belangsendung der katholischen Kirche oder der islamischen Glaubensgemeinschaft ist, wäre *die* Chance, Kinder und Jugendliche darüber aufzuklären, was Glaube ist – und was nur so tut; was der liebe Gott/Allah/Jahwe meinen mag, sofern es ihn oder sie gibt ☺ – und wir nur behaupten, dass er meint; wie weniges WIRKLICH religiöse Menschen unterscheidet – und wie vieles sie verbindet. Und dann wird vielleicht eines Tages ein Bub nach Hause gehen und sagen, „Papa, ich glaube nicht, dass Allah böse ist, wenn du meiner Frau Lehrerin die Hand gibst und sie anschaust, wenn du mit ihr sprichst". Als Lehrer weiß ich, dass es kein Kind gibt, das ab einem gewissen Alter lieber von einem Erwachsenen lernt als von einem anderen Kind; als Vater weiß ich inzwischen, dass Eltern von niemandem mehr lernen können als von ihren Kindern.

In vielen Fällen fehlt Religionslehrerinnen auch die Unterstützung durch ihre Kolleginnen, weil sie nämlich „Kolleginnen" im eigentlichen Sinn gar nicht haben. Sie unterrichten an zwei, drei, vier verschiedenen Schulen, und zwar eben Religion und sonst nichts, das heißt, sie sind in den Lehrkörper nicht integriert. Das liegt an der unglücklichen Einstellungspraxis der Kirche. Es ist ja so: Zum Religionslehrer kannst du dich an einer „normalen" PH zwar ausbilden lassen (ich z. B. bin in Besitz eines hart erarbeiteten sogenannten „Befähigungszeugnisses zur Erteilung des Religionsunterrichts"), aber unterrichten darf ich Reli nicht. Da lässt meine Diözese nämlich nur jene ran, die an den eigenen religionspädagogischen Hochschulen ausgebildet wurden. Ich hoffe, das sagt man den Studierenden inzwischen, uns hat man es nicht gesagt.

Ich stehe ja auf „Reli", denn es ist der einzige Gegenstand auf den Stundenplänen unserer Kinder, in dem die Frage angesprochen werden könnte, woher wir kommen, wer wir sind und wohin wir gehen (ohne auf Zäune oder andere bauliche Maßnahmen zu stoßen). Wahrlich nicht die unwichtigste Frage im Leben eines denkenden Menschen. Wie gesagt, in einem Religionsunterricht zeitgemäßen Zuschnitts müssten alle Konfessionen ihren Platz haben, quasi in Form einer „Ringvorlesung": Judentum, Buddhismus, Christentum, Islam (gleichrangig, hier in der historischen Reihenfolge ihres Auftretens genannt). Die zweistündige Belangsendung der katholischen Kirche, wie die meisten von uns Religionsunterricht früher erfahren haben (ich übrigens nicht, danke, Herr Professor Klaus Porstner!), ist nicht nur anachronistisch – sie funktioniert ja sowieso nicht mehr.

Ein sinnvoller Religionen-Unterricht bräuchte natürlich neue

Rahmenbedingungen. Er müsste a) verpflichtend sein, b) ganz normal vormittags stattfinden und c) ein staatlich abgesegnetes Curriculum für Ethik-Vermittlung aufweisen, quasi als größten gemeinsamen Nenner der verschiedenen Konfessionen, gebrochen durch das, was man europäische Wertehaltung nennt. Natürlich würde das den Religionen-Unterricht aufwerten, aber wer fürchtet sich davor? Endlich gäbe es wieder einmal eine Stunde im Fächerkanon, die kein verdecktes Berufspraktikum ist, sondern angewandte Lebenshilfe. Und dann könnte man nachmittags die paar, die noch UNO spielen und nicht zum Beispiel „Minecraft", auch wieder „uno" rufen lassen statt Amen.

Wie ich der „kathpress" entnahm, wird der katholische Religionsunterricht gerade noch von rund 350.000 Schülerinnen und Schülern besucht. 350.000 von 1,2 Millionen, so etwas nennt man den Verlust der absoluten Mehrheit. Es braucht jetzt aber ja keiner zu glauben, dass nur der katholische Religionsunterricht von Schwindsucht befallen ist. Einmal lief mir eines späteren Nachmittags unsere damalige Islam-Lehrerin über den Weg. Sie nahm, Sorgenfalten auf der Stirn, das Gespräch auf.

- *Herr Kollege, Entschuldigung, aber bei mir fehlt heute die Hälfte der Kinder. Ist vielleicht irrtümlich freigegeben worden?*
- *Schreiben Sie mir alle Namen auf, Frau Kollegin, ich geh morgen durch die Klassen.*
- *Gülten, 2A, und Ibrahim, 2B.*

Nicht ganz uneigennützig sprachen sich daher die Vertreter moslemischer Glaubensrichtungen sehr schnell gegen (!) ein Kreuz-Verbot an Österreichs Schulen aus; umgekehrt bemühten sich christliche Würdenträger mit auffälliger Schärfe, Minarett- und Burka-Verbote als „Fehlentscheidungen" abzuwerten. Leider sind der religiösen Eintracht Grenzen gesetzt, wenn Kinder „aus dem Bauch heraus" tun, was sie nicht tun sollten. Ausgerechnet eine „Caritas"-Schule kam in die Schlagzeilen, nachdem bekannt geworden war, dass dort zwei 15-jährige Mädchen einer moslemischen Mitschülerin bei einem Ausflug das Kopftuch angezündet hatten. Auch wenn die Direktorin des „Schulzentrums der Caritas" in Graz einen religiösen oder rassistischen Hintergrund vehement in Abrede stellte: Die beiden Täterinnen mussten die Schule wechseln, nachdem sie „keinerlei Einsicht in ihr Fehlverhalten gezeigt haben und auch nicht bereit waren, sich bei ihrem Opfer zu entschuldigen".

Einer, der für einen religiös-ethischen Remix eintritt, ist der Theologe und langjährige Lehrer an der Pädagogischen Hochschule Baden, Klaus Porstner. In einem Interview, das ich mit ihm geführt habe, bricht er eine Lanze für einen Religionsunterricht, der das ethische Gewissen weckt.

> ? Sie waren viele Jahre Religionslehrer an Gymnasien, am Ende Ihrer Karriere haben Sie angehende Lehrer religionspädagogisch ausgebildet. Gibt es ein Bild, das Ihnen durch den Kopf geht?
>
> ! Das Bild von den ersten Tagen am Beginn jeden Schuljahres hat sich mir tief eingeprägt: Im Konferenzzimmer lag eine Mappe auf, in der jeder Religionslehrer die Abmeldungen vom Unterricht eintragen musste – das kam einer Abstimmung über Fähigkeit oder Unfähigkeit gleich, so nach dem Motto „Wer will mich?". Eigentlich war das eine entwürdigende Situation. Einer meiner Direktoren wollte mich trösten, indem er sagte: „Wenn ich am Beginn des Schuljahres mit dem Englischbuch in der Hand für meinen Unterricht werben müsste, bliebe ich wahrscheinlich mit dem Buch alleine in der Klasse!" Das war gut gemeint,

nahm aber kaum etwas von der auf uns lastenden Spannung, nicht zuletzt, weil es ja auch Auswirkungen auf das Beschäftigungsausmaß hatte. Positive Ergebnisse wurden gefeiert, negative schamhaft verschwiegen oder nur hinter vorgehaltener Hand entschuldigend oder beschönigend angedeutet. Dann hat es z. B. geheißen: „So sind halt die Schüler dieser Klasse!"

? Ist Religionsunterricht für Sie das Vermitteln von Wissen über eine bestimmte Religion?

! In der pädagogischen Zielvorgabe für das österreichische Schulwesen ist von der Erziehung zu sittlichen und religiösen Werthaltungen die Rede, in öffentlichen Diskussionen wird immer wieder auch auf eine christlich-abendländische Kultur Bezug genommen, die Europa geprägt hat. All das scheint uns also wichtig und die Schule soll zu diesem Bewusstsein hinführen. Aber da gibt es auch die Gewissensfreiheit des Einzelnen, die einen so hohen Stellenwert hat, dass sie unter den Schutz des Gesetzes gestellt ist. Sie wiegt für uns weit schwerer als bloße Meinungsfreiheit.

? Meinen Sie jetzt Gewissensfreiheit in Bezug auf Religionsfreiheit?

! Die vom Gesetzgeber garantierte „Religionsmündigkeit" besagt ja, dass bereits der Heranwachsende das Recht haben soll, seine Religion – oder Nicht-Religion – frei zu wählen. Um es mit dem Pastoraltheologen Paul Michael Zulehner zu sagen: Die Menschen erleiden Religion längst nicht mehr als Schicksal, sondern sie haben die Wahl, ob sie glauben oder nicht. Zulehner ortet ja gegenwärtig einen „Megatrend der Respiritualisierung".

? Führt aber nicht gerade diese „Religionsmündigkeit" dazu, dass sich immer mehr Schüler vom Religionsunterricht abmelden?

! Meine Erfahrung war diese: Wenn sich Schüler der Oberstufe vom Religionsunterricht abgemeldet haben, so war meistens die Aussicht auf eine Freistunde verlockend. (...) Ein Schlüsselerlebnis für mich war der unmittelbare Beginn meiner Unterrichtstätigkeit an einer konfessionell geführten Schule, als ich von missionarischem Eifer erfüllt war. Da hatte mich ein Schüler gefragt, ob er sich von Religion abmelden könne. Als Grund gab er an, dass von seinen bisherigen Religionslehrern keiner wirklich Antworten auf seine Fragen gehabt habe. Außerdem glaube er nur, was er persönlich überprüfen könne. In meiner Antwort versuchte ich ihn zu einer allgemein menschlichen Erfahrung hinzuführen, die auf Vertrauen, Zutrauen basiert, im konkreten Fall war es die Liebe zu seiner Freundin. Ich habe einfach versucht, das, was ich vermitteln wollte, an eine menschliche Ur-Erfahrung anzubinden. Das ist gelungen. Von da an habe ich „Religion" nicht mehr als bloßen Unterrichtsgegenstand gesehen, sondern als Hilfestellung auf dem Weg ins Leben, wobei mir in all den Jahren wirklich nichts Menschliches fremd geblieben ist.

? Ist das jetzt ein Plädoyer für den Ethikunterricht?

! Für den Ethikunterricht als Teil des Religionsunterrichts. Sieht man Lehrpläne für den Ethikunterricht durch, so geht es vor allem um das Leben an sich. Neben Informationen wird auf den Wissensbereichen anderer Gegenstände aufgebaut, ethisch-philosophische Fragen werden mit hoher Ernsthaftigkeit angesprochen und diskutiert. Auf diese Weise wird die Gefahr einer Unverbindlichkeit vermieden, der Schüler in allen Lebensphasen ernst genommen, ein hohes Problembewusstsein geschaffen und ein entsprechendes Problemlösungspotenzial erarbeitet. (...) Ein Geschenk war für mich die Erfahrung des Religionsunterrichts an einer BS. Hier war mir von Beginn an klar, dass es nicht primär um die Vermittlung kirchlicher Lehren gehen könne, sondern um eine Lebensbegleitung von Jugendlichen, allerdings vor einem religiösen Hintergrund. Wenn Heranwachsende den Sinn ethischen Verhaltens begreifen und Religion als Hilfe zur Entfaltung ihres Lebens erleben, so wird eine Werthaltung aufgebaut, die keinen Fanatismus mehr nährt, vielmehr aber die Bereitschaft, voneinander über alle Verschiedenheit hinweg zu lernen.

Und weil da jetzt das Wort Fanatismus gefallen ist. Ein Leser hatte mich darauf aufmerksam gemacht, dass in einem der größten öffentlichen Hallenbäder Wiens, dem Amalienbad in Favoriten, „ein Badetag nur für muslimische Frauen eingeführt worden ist, wo andersgläubige Frauen nicht gerne gesehen sein sollen". Ich schrieb dazu sinngemäß: Ich glaube nicht, dass ein paar Schwimmeinheiten, bei denen muslimische Frauen unter sich sein können, für den Untergang des Abendlandes sorgen werden. Vermutlich reden die dort neben Bauch-Schenkel-Po eh nur über ihre depperten Männer ... Die Folge war ein Mail-Tsunami, frage nicht.

Wobei ich jetzt schon zugeben muss: In der Klasse sind Kopftuch, Burka und muslimische Badetage nicht das Problem Nr. 1.

– *Ich hab gelesen, Sie hassen die Burka, Herr Lehrer.*
– *Richtig, Zeynep, aber noch mehr hasse ich Smarttrottelmissbrauch im Fußgängerfließverkehr.*
– *Smart... was?*
– *Vergiss es. Und richte dir dein Kopftuch, es sitzt schief.*

Was ich unter *Smarttrottelmissbrauch* verstehe – und damit Themenwechsel –, lesen Sie im folgenden Kapitel.

14 Smarttrottelmissbrauch und öffentliche Aufgehunfälle

Über das Smartphone, vulgo Handy (ich nenne das Teil selber ja Smarttrottel) schreibe ich auch deswegen gern bei jeder Gelegenheit, weil landesweit inzwischen ganze Schulbezirke dazu übergegangen sind, es zu verbieten. Das ist natürlich so, als würdest du dem Herbst den Nebel verbieten oder dem Lugner sein Katzi/Mausi/Spatzi oder dem Neujahr seinen Vorsatz. Zur Jahreswende 2016 widmete ich diesem Thema eine Glosse[48], nachdem ich erfahren hatte, dass der gemeine Handybenutzer, ohne es zu wissen, das Langenscheidt-„Jugendwort 2015" kreiert hat. Unter dem Titel „Neujahrsfortsatz" führte ich die Leserin zunächst eher abrupt in eine vorweihnachtliche Deutschstunde:

Deutschlehrerin:
– ... und nächste Stunde reden wir über den Neujahrsvorsatz. Ich hoffe, jeder findet einen.

Nächste Stunde:
– Sebi, warum blätterst du in im Bio-Buch? Wir haben jetzt Deutsch!

- *Ich konnte es nicht finden.*
- *Was finden?*
- *Haben Sie Wurmfortsatz gemeint?*

Okay, dieses Missverständnis konnte geklärt werden. Dabei ist ja die praktische Umsetzung von Vorsatz in der Regel eh der Fortsatz. Z. B. nimmst du dir am 1. Jänner hoch und heilig vor, auf deine Tochter in Zwanzigsechzehn (© der damalige Verteidigungs- und jetzige Sozialminister Gerald Klug) keinen schulischen Druck mehr auszuüben, immerhin bist du als Vater für Gernhabungen zuständig und nicht für, sagen wir, die „Quartile nach n Beobachtungen", und dann fragt du sie am 2. Jänner, ob sie in Mathe über die Ferien wirklich nichts zum Lernen aufbekommen hat und hoffentlich wenigstens das mit den Quartilen nach n Beobachtungen inzwischen kann. Besser also gleich ein Vorsatz, der mit dem Fortsatz deckungsgleich ist.

Ich z. B. habe mir u. a. vorgenommen, meinen Ärger über den penetranten Handygebrauch im öffentlichen Fußgängerverkehr weiterhin nicht ungesund zu unterdrücken (alle konzentrieren sich deppert auf ihre Displays statt auf den Fließverkehr). Schauma, wann ich in einer Öffi-Station meinen nächsten selbsttherapeutischen Schreikrampf kriege.

Im „Biber Newcomer"[49] habe ich gelesen, dass Langenscheidt „Smombie" zum Jugendwort 2015 gewählt hat. Ein „Smombie" sei, wer so an seinem Smartphone hänge, dass er oder sie sich wie ein Zombie durch die Straßen bewege. So gesehen besteht das sich öffentlich fortbewegende Wien aus lauter „Smombies". Sei einmal mit U-Bahn, Bus oder Bim zwischen sechs und acht Uhr früh unterwegs, z. B. weil du, ehe du am anderen Ende der City dein eigenes Tagwerk beginnst, ein, zwei minderjährige Schulkinder in die Arbeit schaufelst – fünf Aufgehunfälle Minimum!

Am häufigsten kommt es zu Aufgehunfällen im städtischen Winter. Da haben nämlich die meisten ein Öffi und/oder die eigenen Gehwerkzeuge benutzenden Menschen Handschuhe an. Da heißt es also Handschuh runter, Smarttrottel raus aus der Jacke, Handschuh rein in die Jacke. Die Finger sind natürlich ruckizucki steif, und so tippt jeder Mensch fünfmal daneben, bevor die Wetter-app endlich aufgeht, die ihm verrät, dass es dort gerade schneeregnet, wo er im Schneeregen eh schon längst geht. Das heißt: wenn er gehen würde. Was er nämlich nicht tut, weil er vor lauter Appen, Öffnen, Ziehen & Schauen zum Weitergehen vergisst. Bis das, was früher ein anständiger Fußgängerfließverkehr war, vollends zum Erliegen kommt.

Seit Jahren schreibe ich verzweifelt gegen den Smarttrottelmissbrauch im öffentlichen Fußgängerfließverkehr an. Ich tue es mit dem Unbehagen des umständehalber auf Öffis angewiesenen Lehrers, der sich jeden Abend von Neuem ausmalt, wie er am nächsten Tag im morgendlichen Wiener Schulbeginnstoßverkehr wieder in die stumme Masse an Bus, Bim und U-Bahn fahrenden Smarttrottel-Zombies eintauchen wird, die weder links noch rechts schauen, die nicht ausweichen, wenn eine schneller daherkommt, die nicht überholen, um selber schneller zu sein, die rund um sich einfach gar nichts mehr wahrnehmen. Die vor deinen Augen sozial und mental einfrieren, weil sie nur noch mit jener Welt beschäftigt sind, die sie beidhändig via Display vor sich her schleppen.

Statt also Kindern den Smarttrottel zu verbieten, könnte die Schule endlich damit beginnen, sie zu lehren, wie er vernünftig gebraucht werden kann. Darf ich aus dem Brief eines Kollegen von der Baustelle „Berufsschule" zitieren, der an die Eltern seiner Lieben gerichtet war? Ich habe ihn gefragt, ich darf.

Liebe Eltern!

Als Klassenvorstand Ihres Kindes will ich Sie hiermit aus vollstem Herzen von der Sinnlosigkeit eines Handyverbots an Schulen überzeugen. Warum? Weil die Dinger bei mir im Unterricht seit vielen Jahren sogar ausdrücklich erlaubt sind, ja im Gegenteil: Sie müssen eingeschaltet auf dem Tisch liegen. Zum einen lebe ich mit der Altersgruppe der „Extremhormongesteuerten". Da muss dem/der Liebsten innerhalb von Sekundenbruchteilen geantwortet werden können. Jetzt hat der Schüler/die Schülerin also die Möglichkeit, gute zehn Minuten damit beschäftigt zu sein, sich nicht erwischen zu lassen (und ich mutiere zum Handyjäger, statt meine Zeit sinnvoller zu gebrauchen), oder der Schüler/die Schülerin antwortet offiziell und braucht dafür kaum zehn Sekunden. Die Praxis zeigt mir, dass das Antworten auf Nachrichten, sobald es erlaubt ist, überhaupt nicht mehr spannend ist. Ich habe in meinen Klassen ein bis zwei Nachrichten pro Stunde, aber nicht pro Lehrling, sondern pro Klasse. Ich denke, das spricht doch eindeutig für das System. Übereingekommen sind wir freilich darin, dass die Mobiltelefone nicht läuten oder brummen dürfen, nur sanftes Blinken ist zulässig.

Wirklich spannend wird es, wenn wir zu einem Thema kommen, bei dem ich entweder selbst Informationen benötige – auch ein Lehrer weiß nicht alles –, oder wir gemeinsam einen Ausflug in die virtuelle Welt machen, um Nachforschungen anzustellen.

Ich bin davon überzeugt, dass der Umgang mit Smartphones in der Schule geübt und besprochen werden muss, zur Not über WhatsApp ...

Mit freundlichen Grüßen ...

Weil da jetzt ganz zeitgemäß „WhatsApp" steht und ich schon vorhin das Langenscheidt-„Jugendwort 2015" angesprochen habe. Wollen Sie wissen (falls Sie es inzwischen nicht eh schon gegoogelt haben), wie die anderen neun aus der Liste der großen Zehn heißen? Hier: merkeln, rumoxidieren, earthporn, bambus, Tinderella, Discopumper, Swaggetarier, Augentinnitus, shippen. Und fragen Sie mich jetzt nicht, was die alle bedeuten! Das heißt, fragen können Sie mich schon, aber ich verweise sie auf die Erklärungen im Anhang (gleich zu Beginn desselben, auf Seite 169, damit Sie nicht lange suchen müssen), Sie werden schmunzeln.

Leichter hat man es da mit dem großen Bruder des Jugendworts, nämlich mit dem „Wort des Jahres 2015", das für Großbritannien die Redaktion der hochnoblen „Oxford-Dictionaries" (gemeinsam mit dem Mobilfunktechnik-Unternehmen Swift-Key) gekürt hat – es ist klein, einfach und – gelb. Richtig, denn es handelt sich darum: 😂

Es war das Smiley mit dem offiziellen Namen „Gesicht mit Tränen der Freude". Bei den Juroren und Jurorinnen hatte es sich gegen die Konkurrenten „Ad Blocker" (Werbe-Blocker), „Brexit" (Ausstieg der Briten aus dem Euroraum) und „Dark Web" (Teil des Internets, der durch normales Surfen nicht zu erreichen ist) durchgesetzt. Zum ersten Mal in der Geschichte der „Worte des Jahres"-Kür wurde damit ein Emoji[50] gewählt.

Worauf ich hinaus will, ist, dass der Smarttrottel gerade unsere Welt auf den Kopf stellt. Nicht nur sprachlich. Dem „Biber Newcomer" habe ich folgende Klassen-Szene entnommen:

Da pflanzt sich Tatjana, 16, in der Pause plötzlich vor der Klasse auf und macht ihrem Freund Daniel eine Szene. Sie reißt ihm das Handy aus der Hand und brüllt ihn an: „Entfolg der Bitch! Sofort!", dann nennt sie ihn „Opfer" und „Arschloch". Er schimpft zurück. Bis die Fetzen fliegen. Nicht nur verbal. „Mein Freund und ich streiten mehrmals am Tag", wird Tatjana dann zitiert, „meistens ist einer von uns beiden eifersüchtig, weil der andere ein Bild von einer anderen Frau oder eben einem anderen Mann geliked hat." Dann lässt der „biber" einen Jugendkulturforscher zu Wort kommen: Die Kommunikationsmöglichkeiten sozialer Netzwerke veränderten die Beziehung der Menschen zueinander massiv. Wenn sich junge Leute beleidigt oder verletzt fühlen, blocken sie den anderen auf „WhatsApp", statt dies (und im günstigsten Fall die Ursachen) offen anzusprechen; wenn sie sich treffen, machen sie das perfekte Pärchen-Selfie, stellen es auf Instagram oder Facebook und schreiben „Für dich würde ich sterben" dazu, bevor sie sich am nächsten Tag trennen und ihrer Trauer mit einem tiefgründigen Zitat auf „tumblr" Ausdruck verleihen. Und umgekehrt schicken sie einander Herz-Icons per SMS, statt sich in die Augen zu schauen und „Ich liebe dich" zu sagen. Meine Schüler schicken einander zwar eher Mund-runter-Emojis, statt „geh scheißen" zu sagen, aber bitte.

Die gemeine Lehrerin beobachtet diese Entwicklung sowieso mit Skepsis. Als du eines schönen Tages in der U-Bahn damit wachgegratiszeitungt wirst, dass Finnland beschlossen hat, die Schreibschrift abzuschaffen (kein Witz! Wie im ersten Kapitel bemerkt, wird in der finnischen Grundschule per Schuljahr 2016/17 die zusammenhängende Schreibschrift, auf schwyyzerdütsch: Schnürlischrift, nicht mehr unterrichtet), bist du mit einem einzigen kurzen Gedankensprung wieder beim Smarttrottel und den geänderten Lebens- und Alltagsbewältigungsgewohnheiten deiner Schüler. In der Klasse willst du es dann genau wissen:

– *Wer von euch spie… äh arbeitet täglich mit einem Computer?*
(Alle heben die Hand)
– *Wer von euch schaut täglich fern?*
(Alle heben die Hand)
– *Wer von euch macht täglich Sport?*

(Zwei heben die Hand)
- *Wer von euch liest täglich?*
(Sanela hebt die Hand)
- *Toll, Sanela. Wenigstens du. Welches Buch liest du denn gerade?*
- *Wie meinen Sie das?*
- *Du hast doch eben gesagt, dass du täglich liest ... was liest du denn?*
- WHATSAPP.

15 Die Schule von morgen – born to be wild

Immer wieder werde ich gefragt, wie für mich die Schule von morgen, die Schule der Zukunft aussieht. Ehrlich, was soll man als gelernter Wiener Lehrer darauf antworten? Vermutlich wird es eine Schule mit viel Handy und Computer sein, dafür ohne grüne Tafel und weiße Kreide, möglicherweise eine, in der die gute, alte Schulschreibschrift nicht mehr gelehrt wird (wie ab 2016/17 wie gesagt in Finnland) und die Kinder ihre Hausaufgaben nur noch online bekommen und erledigen. Vermutlich werden sich noch mehr Lehrerinnen um noch mehr Schüler kümmern, die nicht oder fast nicht Deutsch können. Allein in den vergangenen vier Jahren ist die Zahl der „außerordentlichen Schüler", das sind Kinder und Jugendliche mit anderer Muttersprache, die so wenig Deutsch können, dass sie der Unterrichtssprache nicht folgen können, österreichweit um mehr als die Hälfte (52 Prozent) gestiegen. Sollte jetzt also irgendjemand „da draußen" nur deswegen Pflichtschullehrerin werden wollen, weil sie Kindern Shakespeare, Goethe, Pythagoras oder die Kontinentalverschiebung nach Wegener beibringen will – es ist der falsche Ansatz.

- Schon österreichweit ist die Zahl der Schüler mit nicht-deutscher Umgangssprache trotz allgemein sinkender Schülerzahlen inzwischen auf 21 Prozent gestiegen (234.000 Schüler).
- In Wien handelt es sich inzwischen um mehr als jedes zweite Schulkind (56 Prozent).
- Betrachtet man die Auswertung aber nach Region und Schultyp, stellt man fest, dass in Wiener Hauptpardonneuenmittelschulen und Polytechnischen Schulen zwei Drittel (67 Prozent) eine andere Umgangssprache pflegen (oder auch nicht pflegen) als Deutsch.[51]
- In den Volksschulklassen sitzen nicht selten die Sprösslinge von Eltern aus einem halben Dutzend verschiedener Nationen (und da sind Frankreich und England jetzt nicht darunter, wenn Sie verstehen, was ich meine).
- In Wien gibt es in zig Hauptpardonneuenmittelschulen Klassen, in denen kein einziges Kind deutschsprachige Eltern hat. Meine letzte Klasse z. B. war so eine.

Dennoch ist das alles kein Grund zum Verzagen. Im Gegenteil. Die Schule ist in den letzten Jahren und Jahrzehnten nicht schlechter geworden, wie uns das manche immer einreden wollen, sondern besser (so wie der Stand der Technik, die Möglichkeiten der Medizin, der österreichische Fußball oder amerikanische TV-Serien). Immer länger und besser ausgebildete Lehrerinnen (Männer diesmal explizit mitgemeint) schaffen es, ihren Schülern eine immer kompliziertere und komplexere Wissenswelt zu vermitteln, obwohl die bürokratischen Hürden immer höher werden, die Reglementierung immer stärker und das dahinter stehende Konzept immer blasser. Das ist wahrlich kein Klacks. Zumal kulturell, ethnisch oder das Bildungsniveau betreffend homogene Klassen Schnee von gestern geworden sind, und das ehrfurchtsvolle Verstummen, wenn der „Herr Professor" die Klasse betritt, erst recht. Zu jenen, die das jetzt groß beklagen, gehöre ich NICHT. Eher im Gegenteil. Ich stelle mit Freude fest, dass Sätze wie „Zweierreihe-und-der-Mund-ist-zu" oder „Wenn-es-dir-nicht-passt-kannst-du-ja-in-die-Hauptschule-gehen" zu Recht vom Aussterben bedroht sind (der zweite Satz schon allein deswegen, weil es keine Hauptschulen mehr gibt ☺). Mit Freude stelle ich auch fest, dass immer mehr Lehrerinnen und Schulleiterinnen sich trauen, den Deckel des „Druckkochtopfs Schule" vorsichtig zu öffnen und jenen Druck ganz einfach abzulassen, den sie „von oben" (Schulpolitik) bekommen oder auch von der Seite (Eltern, die glauben, im Privatberuf Lehrerinnen zu sein). Der Filmemacher Erwin Wagenhofer hat in seiner bemerkenswerten Bestandsaufnahme zum Thema Bildung, dem österreichischen Doku-Bestseller „Alphabet"[52], die Angst der Gesellschaft vor vermeintlichem Versagen als Motor eines völlig fehlgeleiteten Schulsystems bezeichnet. Ich bin mit ihm und dem Denker und Kabarettisten Roland Düringer[53] anlässlich einer gemeinsamen Veranstaltung im Schloss Puchberg ob Wels ein paar nächtliche Stunden zusammengesessen und habe zwischendurch mein Diktiergerät eingeschaltet. Hier ein paar O-Töne Wagenhofer:

- „Angst ist der Motor des ganzen Systems. Wenn du das und das in der Schule nicht machst, dann wirst du das und das im Leben nicht schaffen. Das stimmt aber gar nicht. Vielleicht ist es sogar umgekehrt. Aber so wird Druck erzeugt, der kaputt macht."
- „Überall wird erzogen. Zu Hause wird erzogen, in der Schule wird erzogen. Es sollte aber das Wort Erziehung gegen das Wort Beziehung ausgetauscht werden."
- „Wir glauben, Kinder kommen leer zur Welt, wir glauben, wir müssen sie mit den Dingen vollstopfen, von denen wir glauben, dass sie sie eines Tages brauchen werden, um glücklich

zu leben, und das sind lustigerweise meistens genau die Dinge, die uns selber unglücklich machen. Aber wenn man positiv beeinflusst, was bei Kindern an Möglichkeiten bereits da ist, dann blühen sie auf."
- „Wenn wir so weitertun wie bisher, bringen wir ihnen fatalerweise bei, dass Geld, Effizienz und Wirtschaftlichkeit das wichtigste im Leben ist. Aber wenn wir uns unsere Gesellschaft anschauen, dann sind es ja nicht die Analphabeten, Schulabbrecher oder Obdachlosen, die das Geld verzocken und uns von einer Krise in die nächste führen, es sind die, die vorher an den besten Schulen und Universitäten jahrelang die strengsten Ausleseverfahren bestanden haben. Die haben die Welt zu dem gemacht, was sie heute ist, nicht die, die schlecht waren in der Schule."

Was jetzt kein Aufruf an uns Lehrerinnen ist, Kinder „schlecht" auszubilden. Aber es fährt ja auch nicht der am besten in die Kurve, der am stärksten aufs Gas drückt ...

Ich wurde einmal gebeten, in ein paar Punkten aufzuzählen, wie ich mir Schule 2030 vorstelle.[54] Ganz persönlich, ganz pragmatisch, ohne Schnörkel. Ich habe zwei gegensätzliche Szenarien gezeichnet, ganz persönlich, ganz pragmatisch, ohne Schnörkel. Hier mein Director's Cut ohne platzbedingte Kürzung. Ich beginne mit meinem, aus Gründen der Psychohygiene kurz gehaltenen, Horrorszenario.

- Bis 2030 wird sich auch die xte Bildungsministerin an den bestehenden Miss-, Zu- und Umständen die Zähne ausgebissen haben, sprich: Schulreform abgeblasen.
- Untereinander sonst völlig zerstrittene Bildungspolitiker und ihre Hausexperten sind sich immerhin darin einig, dass christliche Wehr- und Militärschulen wieder eingeführt werden sol-

len. Das Tragen von Kopftüchern ist verboten, das von Helmen nicht.
- Struwwelpeter sowie Max & Moritz werden in der „Volks-Schule" Pflichtlektüre, Schönschreiben wieder ein Pflichtgegenstand. In der Sekundarstufe wird „Geografie und Wirtschaft" in „Heimatkunde" umbenannt, „Biologie und Umweltkunde" wieder in „Naturgeschichte", Englisch wird zum Freifach.
- Um den Lehrern (sic) auch etwas in die Hand zu geben, womit sie ihre Autorität wieder herstellen können, werden sie mit handlichen Pocket-Elektroschockern ausgestattet, die bei Gebrauch selbstverständlich nur ein bissi wehtun. Auf dem Opernball werden diese auch als Damenspende ausgegeben.

Aber Ernst beiseite. Natürlich stelle ich mir Schule 2030 lieber ganz anders vor.

- Die Schule hat primär zwei Aufgaben: a) Neugier zu wecken und b) diese Neugier zu befriedigen. Dafür wird nine to five gelernt, geforscht, geübt, es werden Hürden aufgestellt und genommen – gemeinsam. Ja, es geht darum, besser zu sein. Aber nicht besser als der andere, sondern besser als der, der man war.
- Es gibt eine achtjährige Pflichtschule der 7- bis 14-Jährigen, dann ein Berufsvorbereitungsjahr für ALLE; für die angehenden Juristen, Ärzte und CEOS gibt es danach die dreijährige Oberstufe in der AHS, die schnurstracks Richtung Uni führt, für die anderen den mittelbaren oder unmittelbaren Einstieg ins Berufsleben, sei es in berufsvorbereitenden Schulen wie HAK, HaSch, HTL oder BAKiP, oder mit bewährter Lehre mit Berufsschule.
- Schulhäuser haben das ganze Jahr geöffnet. Sie sind, ähnlich buddhistischen Tempeln, Orte des Lernens und des Ken-

nenlernens, also Orte der Begegnung. Begriffe wie „Lehrverpflichtung" oder „schulfremde Person" sind Vergangenheit (der Schulwart, der einem den Einlass verweigert, wenn man nach 18 Uhr bzw. freitags nach 14 Uhr hinein will, weil man z. B. seine GW-Mappe vergessen hat, auch).
- Das Schuljahr passt sich dem Kalenderjahr an. Das heißt, es beginnt im Jänner nach den Weihnachtsferien und endet unmittelbar vor diesen. In diesen knapp zwei Wochen bereitet man sich auf den Wechsel ins nächste Schuljahr vor (oder auch nicht). Im Sommer gibt es für die Kinder fünf oder sechs Wochen ausgiebig Semesterferien, die jene, die das nötig haben, für Förderung und Nachhilfe direkt an der Schule nutzen können. Die anderen spielen, schwimmen und chillen dort, sofern ihre Eltern nicht Lust haben, mit ihnen fortzufahren oder zu Hause ein eigenes Programm zu machen.
- Die verbleibenden drei Wochen Ferien können alle Beteiligten wahlweise und individuell während des Jahres konsumieren. So wie jetzt schon der Rest der arbeitenden Bevölkerung einschließlich des Personals in Kindergärten.
- Fächer werden je nach Schwerpunkt der Schule kombiniert bzw. neu gebildet. Mathe bekommt den Stellenwert eines wichtigen Hilfsgegenstands für das bessere Verstehen der Naturwissenschaften und wird (Ausnahme: einige als solche deklarierte „Mathe-Schulen") auf ein bis zwei Wochenstunden reduziert (das Curriculum dafür erstellt Prof. Rudolf Taschner ☺).
- Es gibt einen verpflichtenden Religionen-Unterricht im Modus einer „Ringvorlesung", unabhängig von etwaigen religiösen, a- oder anti-religiösen Bekenntnissen der Schüler, Ethik ist das Fundament dabei, das Curriculum erstellen die Vertreter der einzelnen Konfessionen gemeinsam, die Schulbehörde segnet es ab.
- Lehrer und Lehrerinnen werden als hochqualifizierte Lebens-

abschnittsbegleiterinnen wahrgenommen, genießen einen entsprechend hohen gesellschaftlichen Status (ähnlich dem von Präsidenten aller Art, Burgschauspielerinnen, David Alaba, Herren-Abfahrern und Ärzten) und verdienen dementsprechend, sagen wir es vorsichtig: viel. Wobei 2030 gerade die Diskussion darüber einsetzt, ob sich das Grundgehalt nicht nach dem Alter der Kinder richten soll, die eine Lehrerin unterrichtet: je jünger die Kinder, desto höher der Lohn. „Kinder-Gärtnerinnen" würden demnach am meisten verdienen ...
☺☺☺

Die Zeiten der schulischen Autorität sind jedenfalls vorbei, die Zeiten einer autoritativen Schule (nach Max Horkheimer) aber offensichtlich noch immer nicht gekommen. Nach Wikipedia unterscheidet sich die autoritative Erziehung von der autoritären „durch ein höheres Maß an emotionaler Wärme, Akzeptanz und Kommunikationsbereitschaft, die dem Kind entgegengebracht werden. Von einer permissiven Erziehung unterscheidet sie sich durch ein höheres Maß an intentionaler Erziehung mit mehr Regeln, mehr Einsatz von Erziehungsmitteln und einer stärker federführenden Position der Eltern". In etwa das dürften auch die Zukunftsforscher John und Doris Naisbitt[55] im Sinn gehabt haben, als sie in einem Doppel-Interview für die bereits erwähnte „Kurier"-Initiative „Österreich 2030" so antworteten (hier verkürzt wiedergegeben):

? Was müsste in Österreichs Bildungswesen passieren?
! Wir zerstören die Kreativität der Kinder so weit, dass sie gar nicht mehr wissen, was sie wirklich gern machen.
? Ihre Wertschätzung für Kreativität überrascht mich. Gerade in Asiens Bildungssystemen (gemeint: dem Kontinent der PISA-Sieger) ist für Individualität wenig Platz ...

! Das stimmt. In China werden Schüler gedrillt, richtige Antworten zu liefern. Lächerlich. Tatsächlich von gestern. Richtige Antworten liefern heißt dort: dem Lehrer nicht widersprechen. Auflehnung gegen Autoritäten, das wird die Herausforderung. Aber es beginnt langsam aufzubrechen.

Kinder nicht autoritär zu beschulen heißt nun freilich nicht, sie nicht fordern zu dürfen, sie nicht herausfordern zu dürfen. Im Gegenteil. Meiner Meinung nach gehört ein gesundes Maß an Druck und Zwang durchaus dazu. Die Lehrerin, die ihre Schüler nicht manchmal dazu bringt (und manchmal eben zwingt), sich Aufgaben und Herausforderungen zu stellen, ist keine gute Lehrerin – und versagt insofern als Lebensabschnittsbegleiterin, als sie offenbar die Auseinandersetzung scheut. Jede gute Mutter, jeder gute Vater weiß das. Gleichzeitig muss die Schule jedoch aufhören, Kinder und Jugendliche mit dem zu konfrontieren, was die deutsche Erziehungs- und Sozialwissenschaftlerin Marianne Gronemeyer „paradoxe Forderungen" nennt. Paradox sei, so Gronemeyer, dass „Kinder unentwegt lernen müssen, dass sie nicht dürfen, was sie sollen" – und erklärt das so:[56]

Es gab einmal einen Film mit James Dean in der Hauptrolle, der die junge Generation mit dem Titel ‚Denn sie wissen nicht, was sie tun' porträtierte. In Anlehnung an diesen Titel nun also die Feststellung: Denn sie dürfen nicht, was sie sollen.
- Sie sollen lernen, sich sozial und rücksichtsvoll, kooperativ und solidarisch zu benehmen, aber belohnt werden sie dafür, dass sie andere in der härter werdenden Konkurrenz des Ausbildungsalltags zur Strecke bringen.
- Sie sollen lernen, bei der Sache zu sein, tatsächlich aber ist der ganze konsumistische Betrieb darauf angesetzt, sie zu zerstreuen und mit Nebensachen zu beschäftigen.

- Sie sollen lernen, Verantwortung zu übernehmen, aber sie leben in einer Welt, in der sie nur noch befolgen können, was ihnen vorgeschrieben ist.
- Sie sollen vertrauensvoll sein, erfahren aber, dass man ihnen umgekehrt nicht traut, sie stattdessen mit Kontrolle und Überwachung drangsaliert und mit Zensuren diszipliniert.
- Sie sollen kreativ und erfinderisch sein, werden aber mit Dingen überschüttet, die jede eigene Idee im Keim ersticken.
- Sie sollen aufrichtig sein und werden von Kindesbeinen an daran gewöhnt, sich vorteilhaft ins Bild zu setzen, Schwächen und Scheitern gut zu kaschieren und an sich selbst nur gelten zu lassen, was anderen gefällt.
- Sie sollen Persönlichkeit entwickeln, erfahren aber, dass es niemanden interessiert, welche Persönlichkeiten sie sind.
- Sie sollen couragiert und mutig sein, werden aber mit Sicherheitsvorkehrungen umstellt, die ihnen jede Eigenmächtigkeit austreiben.

Unlängst sah ich eine junge Mutter eine Kinderkarre schieben. „Born to be wild" stand in aufdringlichen Lettern seitlich auf dem Fahrgestell. Und da saß dann das arme Wesen, das zur Wildheit geboren war, mehrfach angeschnallt und – bei strahlender Abendsonne – vor jedem Ein- und Andringen der Außenwelt durch einen Wind- und Wetterschutz und ein Insektengitter sorgsam bewahrt, in seinem Vehikel, in dem es umherkutschiert wurde, nach dem Richtungswillen der Erwachsenen: ‚Born to be wild'. Mir wurde dieser Anblick, der mich mit wirklichem Mitleid für das vollkommen wehrlose Wesen erfüllte, zum Inbegriff heutiger Existenz.

„Vielleicht", schreibt Marianne Gronemeyer, „ist heutzutage die wichtigste Aufgabe von Pädagogen jene, die paradoxen Forderungen, in deren Dienst sie gestellt werden, nicht weiterzugeben an die, die ihnen anvertraut oder ausgeliefert sind: Annahme verweigert! Vielleicht läge die Aufgabe darin, gemeinsam mit den Lernenden die Koalition der Nicht-Einverstandenen zu begründen und ihr eine Stimme zu geben."

Bis dahin vernehmen wir die Stimme unserer Kinder und sind sensibel für die Zwischentöne. Auch wenn sie manchmal weh tun.

- *Herr Lehrer, warum wollen Sie, dass wir den ganzen Tag in der Schule bleiben sollen?*
- *Wer sagt denn, dass ich … also wie kommst du darauf, dass ich will, dass ihr den ganzen Tag …?*
- *Sie haben es gestern im Fernsehen selber gesagt.*
- *Im Fernsehen habe ich gesagt, dass ich es für richtig hielte, wenn Lehrerinnen ihre Arbeitszeit an der Schule verbringen würden, und zwar von nine to five.*
- *Von was?*
- *Den ganzen Tag. Von 9 bis 17 Uhr zum Beispiel.*
- *Den ganzen Tag Schule? Oida, das ist ja Gefängnis!*

Muss man dazu noch etwas sagen? Nix muss man mehr sagen.

ENDE

Das heißt, nein, doch noch nicht ENDE. Wie im Vorwort bereits angekündigt, mache ich noch einen Versuch. Einen letzten: Sehr geehrter Herr Bundeskanzler Christian Kern, überzeugen Sie Ihren Vizekanzler davon, dass Schule überparteilich zu behandeln ist und helfen Sie unserer neuen Bildungsministerin! Machen Sie Bildung endlich zur Chefsache!

Eine Aufforderung in zehn Punkten

1. Schule wird Chefsache
Sie, sehr geehrter Herr Bundeskanzler, setzen umgehend eine parteiunabhängige Kommission ein, die Österreichs neue Bildungsministerin Sonja Hammerschmid in ihren Reformvorhaben unterstützt. Vertreten sind in dieser Kommission u. a. Industriellenvereinigung und Arbeiterkammer, Wirtschaftsbund und Arbeitsmarktservice, Vertreterinnen der Elementar-, Inklusions- und Hortpädagogik, der Pädagogischen Hochschulen und der Universitätenkonferenz, sprich erfahrene Lehrerinnen und andere Fachleute, die sich in der prächtigen überparteilichen Bildungsplattform „Neustart Schule" bereits zusammengefunden haben (u. a. der Verfassungsrechtler Heinz Mayer, Univ.-Prof.[in] Christiane Spiel, die Ex-AHS-DirektorInnen Erwin Greiner, Christa Koenne, Heidi Schrodt u. v. a., zum Hineinlesen: https://neustart-schule.at/partner). Definitiv NICHT Teil dieser Kommission sind diverse Bildungssprecher diverser Parteien sowie Lehrerinnengewerkschaften, Elternvereine, Schüler- oder Hochschülervertretungen etc., und zwar wegen dringenden Verdachts der Befangenheit sowie ausgeprägten Hangs zur Bewahrung von Pfründen.

2. Ziel ist ein neues, europaweit vorbildliches Bildungskonzept
Der von Ihnen vorgegebene Auftrag ist es, die überalterten Schulgesetz- und -regelwerke durch neue, zeitgemäße zu ersetzen. Das gilt für Schulunterrichtsgesetz, Schulorganisationsgesetz, Religionsunterrichtsgesetz etc. Wenn weißer Rauch austritt (woraus auch immer), tritt die Kommission vor Volk und Parlament und verkündet ihre (verbindlichen!) Ergebnisse.

3. Es gibt vier unumstößliche Vorgaben – A, B, C und D
Die Kommission bekommt von Ihnen drei Vorgaben, die, wie es im Juristendeutsch so schön heißt, „dem Grunde nach" nicht mehr diskutierbar sind.
A) Die zwangsweise Trennung von 9- bis 10-Jährigen nach der Volksschule auf Basis der Semesternachricht 4. Klasse wird aufgehoben. In Zukunft geht jedes Kind von 6 bis 14 zuerst in die Volksschule und dann, sowie es als dafür „reif" eingestuft wird, in eines der umliegenden Schulhäuser für die Großen. Dort könnte „Gymnasium" draufstehen oder „Gemeinsame Mittelschule" oder auch „Hauptschule", das ist im wahrsten Sinn des Wortes Ansichtssache, es muss nur überall dasselbe drauf stehen.
B) Sämtliches Lehrpersonal (dazu zählen künftig auch die Kindergartenpädagoginnen) wird auf Universitätsniveau, gemeinsam und gleichwertig ausgebildet. Die Entlohnung erfolgt nach *einem* Zahlungsschlüssel. Unterschiede im Monatslohn hängen von Dienstjahren, Arbeitszeit, Arbeitsumfeld oder besonderen Leistungen ab und nicht vom Alter der Kinder, die man unterrichtet.
C) Lehrerinnen bekommen eine 40-Stunden-Woche, die sie grundsätzlich an ihrem Arbeitsplatz verbringen. Das Wort „Lehrverpflichtung" wird ersatzlos gestrichen.
D) Schulen werden, beginnend mit den Kindergärten, ab Frühkindalter zu Orten der Begegnung (von Lernenden und Lehrenden), die zwölf Monate im Jahr geöffnet sind.

4. Kinder sind wichtiger als Denkmalschutz
Während die Task Force Bildung tagt, lassen Sie einen Stufenplan für den Umbau der veralteten Kasernenschulen erstellen. Wo der Denkmalschutz entgegensteht, wird er aufgehoben (Motto: Kind geht vor Denkmal); Ziel ist die artgerechte

Haltung sowohl des Lehrpersonals (eigene Arbeitsplätze mit eigenen Tischen, Sesseln, Laden und ein paar Steckdosen) als auch der Kinder und Jugendlichen (Platz! Grün! Rund! Bunt! Bücher! Computer! Essen, Trinken, Lachen!), auf dass ein leistungsförderliches Milieu entstehe.

5. Ein Schultag geht von, sagen wir, 9 bis 17 Uhr und ist dann ZU ENDE

Kindern wird flächendeckend ein Nine-to-Five-Schultag angeboten (und wo es nötig ist, z. B. in so genannten „Brennpunktschulen", auch verordnet). Das heißt, dass die Schule in der Schule erledigt wird. Das gilt für Nachhilfe genauso wie für Hausübungen. Verpflichtende Zuhause-Übungen gibt es nur noch im Ausnahmefall.

6. Die Schulen werden autonom

Was in der Schule geschieht, ist Sache der Schule (und vielleicht noch eine der Eltern) und erst in zweiter Linie eine der Schulaufsicht und jedenfalls keine der Politik. Schulen erarbeiten ihr eigenes Profil, der Lehrkörper setzt sich aus einem zu diesem Schulprofil passenden Personal zusammen. Direktorinnen haben zwar nicht das Recht *to hire and to fire*, aber die Pflicht, für Kolleginnen, die in das bestehende Profil nicht oder nicht mehr passen, andere Wiesen und Weiden zu suchen. Schulen verwalten ihr Budget weitestgehend selber – und erhalten dieses nach einem Schülerzahl- *und* Sozial-Schlüssel, das heißt, es gibt finanzielle Zulagen aufgrund besonderer äußerer Umstände wie Stadt oder Land, viel Verwaltungsaufwand oder wenig, Brennpunktschule oder nicht, Flüchtlingsklassen ja oder nein etc.

7. Herein mit den schulfremden Personen!
Die Schule wird ein Ort der Begegnung, wo die dort hauptberuflich agierenden Akteure, also Schüler und Lehrerinnen, in Austausch mit bisher „schulfremden" Personen treten, also mit: Sozialarbeiterinnen, Psychologinnen, Models, Musikern und Musiktherapeuten, Austro-Pop-Stars, Künstlern und Kunstpädagoginnen, Sportlern, TV-Moderatorinnen, Freizeitpädagoginnen, Geschäftsleuten, Polizisten, Nonnen etc., sprich mit der großen, weiten Welt „da draußen".

8. Die Schule ist ganzjährig geöffnet
Dass Österreichs Schulen ein Drittel des Jahres geschlossen sind, geht gar nicht (siehe auch Kapitel 12: „Die Schule von morgen – born to be wild!"). Also: Schulen haben künftig zwölf Monate im Jahr offen zu sein. Und in diesem Zusammenhang noch etwas: Könnte man bitte sofort – SOFORT! – dafür sorgen, dass Wiener Pflichtschullehrerinnen nicht wochentags um 18.00 Uhr und freitags ab Mittag (!) die Schulen verlassen müssen, nur weil man sich einen Zulagen-Streit mit den Schulwarten ersparen will? Danke!

9. Herein mit Religion*en*, hinaus mit *der* Religion
In Schulen Religion*en* nicht mehr zu unterrichten, ist kontraproduktiv. Das Gegenteil muss geschehen: Religion*en* müssen wieder einen festen Platz im Fächerkanon bekommen, allerdings nicht als Belangsendungen der einzelnen konfessionellen Kirchen. Zumindest die großen der in Österreich anerkannten Religionsgemeinschaften (vereinfacht: Judentum, Christentum, Islam, Buddhismus) sind eingeladen, unter Aufsicht der Schulbehörde ein Curriculum für Lehrende zu erstellen, die sich dann im Stil einer Ringvorlesung in den Schulen die Klinke in die Hand geben. Ziel ist nicht die Er-

ziehung zu einem bestimmten Glauben (im Buddhismus ohnedies obsolet), sondern das Erzielen von Verständnis für religiöse Betrachtungen, Unterschiede und Gemeinsamkeiten.
Apropos: Schleier und Burka, Kutte und Kreuz, Gebetsteppich und Beichtstuhl haben in der öffentlichen Schule nichts verloren. Und Männer, die Frauen „aus religiösen Gründen" die Hand nicht geben, genauso wenig.
Mandalas ausfüllen darf bleiben ☺.

10. Imagekampagne für Lehrerinnen

Du siehst, z. B. auf dem Werbeplakat, eine Frau, die einem Kind freundlich auf die Schulter klopft und sagt (Sprechblase): „Ich bin nicht deine Mutter, aber ich bin trotzdem immer für dich da – ich bin deine Lehrerin!" Oder, gegendert: „Ich bin nicht dein Vater, aber ich bin trotzdem immer für dich da – ich bin dein Lehrer!" Das Ziel: Die Menschen „da draußen" sollen uns Lehrerinnen endlich wieder als kompetente Partner erleben – und nicht als Gegner. Weil wir Lehrerinnen nämlich dasselbe im Sinn haben wie wir Mütter und Väter: Kinder, aus denen etwas wird.

Der Lehrer Herbert Stadler, Sonderpädagoge in Wien, Lehrbeauftragter an der PH Baden sowie an der Bildungsakademie Wien, pflegt in seinen überlaufenen Seminaren in Anlehnung an Erich Fried den Satz zu sagen: „Wer will, dass die Schule bleibt, wie sie ist, will nicht, dass sie bleibt."
In diesem Sinne, Herr Bundeskanzler, setzen Sie sich bitte RASCH und KRAFT IHRES AMTES dafür ein, dass Schule endlich wieder bleiben kann!

Und jetzt ist immer noch NICHT ENDE. Weil, jetzt kommt noch der Anhang: Was sind Tinderellas? Wie viele Punkte schaffen Sie beim PISA-Beispiel „Macondo"? Was bringt uns das Schulreförmchen 2016? Welches Land hat uns Schule überhaupt eingebrockt? Und wie läuft des Vogelsaengers Elternfängerei? Schmökern Sie in 40 Seiten „Schule für Fortgeschrittene".

16 Anhang: Schule für Fortgeschrittene

Jugendwörter, die man sich merkeln sollte!

Eben nicht: Das Wortspiel oben ist falsch. Merkeln hat nämlich mit dem Verb merken genau gar nichts zu tun, sondern mit, erraten, Angela Merkel. Merkeln bedeutet: „nichts tun". Woran man merkeln … äh merken kann, dass die Entscheidung noch vor „Wir schaffen das![57]" gefällt wurde.

Zur Klärung der anderen neun aktuellen „Jugendwörter des Jahres": Smombies sind, wie im Text bereits gesagt, Menschen, die wie gebannt mit dem Handy über die Straße gehen und nicht schauen, wohin sie gehen; „earthporn" bezeichnet, auch nicht unoriginell, eine „schöne Landschaft"; mit Tinderella wird eine weibliche Person bezeichnet, die exzessiv Online-Dating-Plattformen wie z. B. Tinder nutzt; ein „Swaggetarier" lebt nur aus Imagegründen vegetarisch; einen „Augentinnitus" hat man, wenn man sich von dummen Menschen umgeben fühlt; „shippen" tut, wer eine Beziehung eingeht (vom Englischen: relationship); „bambus" steht für cool und krass; „rumoxidieren" für chillen; und ein „Discopumper" trainiert nur, um in der Disco gut auszusehen.

Die gute, alte Schule

Die älteste Erwähnung des Begriffs „Schule" findet sich in einer 4000 Jahre alten ägyptischen Grabinschrift. Viel von dem, was uns heute im Zusammenhang mit „Schule" vertraut ist, fand über die Alten Griechen in unseren Kulturkreis Eingang. Platon nannte 400 v. Chr. seine ersten Lehrkurse „Akademien"; von dem Lykeion in Athen, wo Aristoteles lehrte, leitete sich das Wort Lyzeum (= Hochschule) ab; ab 200 v. Chr. hatten die Griechen eigene Grammatikschulen, die der heutigen „Grammar School" Britanniens und der USA ihren Namen gaben. Gymnasien haben sich inzwischen einigermaßen weit von dem entfernt, was sie einmal waren: nämlich Wirkstätten der körperlichen Ertüchtigung. Diese Aufgabe erfüllen heute Institutionen, die wir als „Fitnesscenter" kennen. Im Mittelalter gab es – neben dem Bibelunterricht als zentrale Aufgabe – einen Fächerkanon für Ritter („Die sieben Ertüchtigungen") und einen für angehende Gelehrte („Die sieben freien Künste"). Für den angehenden Ritter auf dem Stundenplan: Schwimmen, Reiten, Bogenschießen, Schwertkampf, Jagd, Brettspiele, Poesie. Für den angehenden Gelehrten hingegen: Grammatik, Rhetorik, Dialektik, Arithmetik, Geometrie, Musik, Astronomie.

Das aktuelle Konzept von Schule – in großen Häusern mit viel Gangraum werden Kinder in Jahrgänge geschlichtet und dann im 50-Minuten-Takt gebildet – geht auf die preußisch-militärischen Jugendakademien zurück, die bestehenden Jahrgangsklassen auf Maria Theresia, die Halbtagsschule auf Otto Glöckel. Menschen, die wir als „Reformpädagoginnen" bezeichnen (Maria Montessori, Célestin Freinet, Rudolf Steiner) wirkten im Großen und Ganzen vor mehr als 100 Jahren.

Dass sich der Zugang des Menschen zur Schule auch in kürzerer Zeit dramatisch ändern kann, zeigt folgende Satire, die ich anlässlich einer Lesung in einer HTL in Klagenfurt – so ähnlich – auf der schwarzen Tafel im Lehrerinnenzimmer angebracht fand:

Schuleinschreibung vor 50 Jahren und heute
1961
Mutter kommt mit ihrer Tochter Susi, 6, in die zugeteilte Sprengelschule. Der Direktor nimmt die Daten auf. Susi zeichnet sich selber und greift mit der rechten Hand erfolgreich über den Kopf auf das linke Ohr. Sie wird als schulreif eingestuft und geht ein halbes Jahr später in die Schule.

2020
Anne-Sophie, 4, kommt mit ihrer Mutter in die Schule. Es ist die achte Schule innerhalb einer Woche. Anne-Sophie soll frühzeitig eingeschult werden, da sie hochbegabt ist. Die Mutter verlangt die Lebensläufe der infrage kommenden Lehrpersonen, außerdem von den Frauen im gebärfähigen Alter eine eidesstattliche Erklärung, dass weitere eigene Kinder für die nächsten vier Jahre nicht geplant sind. Danach lässt sie sich eine Liste der potenziellen zukünftigen Schulfreundinnen ihrer Tochter geben und prüft anhand der Familiennamen auf einer Stricherlliste, ob der von der Schule versprochene Schlüssel von maximal zehn Prozent Kindern mit anderer Muttersprache auch eingehalten wird. Bei Silvester Alaba fragt sie nach. „*Der* Alaba – oder ein normaler ... Sie wissen schon." Da es sich bei Silvester Alaba nicht um einen Sprössling des bekannten Fußballers handelt, kriegt Silvester Alaba das „Ausländer"-Hakerl.

In der Folge besichtigt man die Räume der Schule. Die Mutter beanstandet die fehlenden Chillout-Bereiche, außerdem stellt sie fest, dass die Nativespeaker-Stunden Chinesisch unglücklicherweise auf jene Tage fallen, an denen Anne-Sophie Tai-Chi-Unterricht hat. Während sich die Mutter gegen Ende der Stunde mit dem Schulpsychologen zurückzieht, damit er ihr seine Methodik erklären kann, räumt Anne-Sophie in der Direktion alle Ordner aus, steckt 37 Gummibärli in den Mund, kaut sie an und spuckt sie wieder aus. Die Mutter bekommt einen hysterischen Anfall, der Anne-Sophie wenig beeindruckt. Beide gehen mit der unverbindlichen Zusage, „vielleicht noch einmal vorbeizuschauen". Anne-Sophie zeigt dem Direktor beim Verlassen der Direktion die Zunge. Der Direktor winkt freundlich zurück.

In diesem Zusammenhang, weil es immer wieder gefragt wird: Zurzeit, Stand 2016, gibt es in Österreich ca. 71.500 Pflichtschullehrerinnen plus rund 5000 Lehrerinnen an Berufsschulen, die alle zusammen von den Bundesländern „organisiert" werden (Landes-Lehrer), sowie ca. 41.600 Lehrerinnen an AHS und BMHS, die in Bundeskompetenz fallen (Bundes-Lehrer).

Macondo

Wollen Sie einmal eine PISA-Übung selber zu lösen versuchen? Hier die R061 aus den PISA-2000-Übungen zum „Kompetenzbereich Lesen". Zunächst der Text.

Macondo
Betört von so vielen und so wundervollen Erfindungen, wussten die Leute von Macondo nicht, wo sie zu staunen beginnen sollten. So verbrachten sie ganze Nächte beim Betrachten der blassen elektrischen Glühlampen, die vom Stromgenerator gespeist wurden, den Aureliano Triste bei der zweiten Fahrt des Zuges mitgebracht hatte und an dessen aufdringliches Puff-Puff sie sich nur langsam und schwer gewöhnten. Sie empörten sich über die lebenden Bilder, die der wohlhabende Kaufmann Don Bruno Crespi in dem Theater mit den Kassen in Form von Löwenrachen vorführte, weil eine Figur, die in einem Film verstorben und beerdigt worden war, und über deren Unglück kummervolle Tränen vergossen worden waren, im nächsten Film lebendig und in einen Araber verwandelt wieder auftauchte. Das Publikum, das zwei Centavos zahlte, um die Schicksalsschläge der Figuren zu teilen, ertrug nicht den unerhörten Schwindel, und sie nahmen die Sitze auseinander. Auf Drängen Don Bruno Crespis erläuterte der Bürgermeister in einer Bekanntmachung, das Kino sei eine Illusionsmaschine, die diese übertriebenen Gefühlsausbrüche des Publikums nicht verdiene. Angesichts dieser entmutigenden Erklärung hatten viele das Gefühl, sie seien Opfer eines neuen und spektakulären Zigeunertricks geworden, und sie beschlossen, fortan das Kino zu meiden, da sie urteilten, dass sie schon genügend eigene Probleme hätten, um noch geheucheltes Unglück von Phantasiegeschöpfen zu beweinen.

Unter dem Lesetext dann folgende Arbeitsanweisung:

Die Textpassage ist einem Roman entnommen. In diesem Teil der Geschichte sind in der fiktiven Stadt Macondo Eisenbahn und Elektrizität gerade erst eingeführt, und das Kino ist eben erst eröffnet worden. Bezieh dich zur Beantwortung der nachfolgenden Fragen auf die Textpassage.

Frage 1: Was ärgert die Leute von Macondo an dem Film? Finde eigene Worte!

Frage 2: Warum beschlossen die Leute von Macondo am Ende des Textes, das Kino fortan zu meiden?
A) Sie wollten Unterhaltung und Zerstreuung, fanden aber, dass die Filme realistisch und deprimierend seien.
B) Sie konnten sich die Eintrittspreise nicht leisten.
C) Sie wollten ihre Gefühle für Ereignisse im wahren Leben aufsparen.
D) Sie wollten, dass ihre Gefühle angesprochen werden, fanden aber, dass die Filme langweilig, wenig überzeugend und qualitativ schlecht seien.

Frage 3: Wer sind die „Phantasiegeschöpfe", die in der letzten Zeile des Textes erwähnt werden?
A) Gespenster
B) Rummelplatzerfindungen
C) Figuren in den Filmen
D) Schauspieler/innen

Frage 4: Stimmst du mit dem abschließenden Urteil der Leute von Macondo über den Wert von Filmen bzw. des Kinos überein? Erkläre deine Antwort, indem du deine Einstellung zum Kino mit der Haltung der Leute vergleichst.

So. Alles geschafft? ☺

Hier der Kommentar einer Kollegin, die sich selber über „Macondo" hergemacht hatte:

Du hast, wie verlangt, den Text ein Mal durchgelesen. Du überlegst ein wenig, liest den Text noch zwei Mal durch, gerätst ins Grübeln, fasst dir ein Herz und kreuzt unter den Fragen 2 und 3 die Buchstaben A sowie C bzw. C an, du beantwortest in Stichworten die Fragen 1 und 4 und stellst später im Lösungsteil fest, dass du damit immerhin die Kompetenzstufe 3 von 5 erreicht hast. Für Frage 2 erhältst du nämlich keinen einzigen Punkt, weil zwar C richtig gewesen wäre, nicht aber A. Außerdem bist du dir nicht sicher, ob du für deine Antwort zu Frage 4 die vollen oder nur die halben Credits bekommen hättest. „Die Antwort", steht dort, „muss zu dem Gedanken passen, dass die Leute von Macondo in Filmen Realismus suchen." Im Zweifel, entscheidest du, passt deine Antwort zu diesem Gedanken. Gegen Schluss liest du dann noch:
„Macondo ist ein Prosastück aus dem Roman ‚Hundert Jahre Einsamkeit' des kolumbianischen Autors Gabriel García Márquez. Es handelt sich um einen erzählenden Text mit persönlichem Kontext. Die ausgewählte Textstelle steht in einem historischen und geografischen Zusammenhang, der in einen für Schüler/innen geläufigeren Themenbereich, das Kino, übertragen wurde."
Wie oft, fragst du dich, werden deine Schüler diesen Text wohl lesen müssen, um draufzukommen, dass es sich dabei um den ihnen „geläufigeren Themenbereich" Kino handelt ...

Die „Gemeinsame Mittelschule" – Pro & Contra

Es gibt nichts, woran sich die Gemüter so erhitzen wie an der Frage, ob die gemeinsame Schule Sinn macht oder nicht. Ein bekennender Gegner der gemeinsamen Schule ist der AHS-Lehrer Wolfram Kautzky[58]. Ich selber bin ja, wie aus den bisherigen Zeilen unschwer zu erkennen, ein bekennender Befürworter. An einem der Höhepunkte der öffentlichen Diskussion bat uns die Bildungsjournalistin Ute Brühl um ein Pro & Contra. Wir bekamen die gleiche Zeichenmenge zur Verfügung gestellt, legten unabhängig voneinander unser Herzblut in die Tastaturen und lasen das Ergebnis des jeweils anderen erst in der Zeitung.[59] Vielleicht bietet es Ihnen Argumentationshilfe, in die eine oder andere Richtung.

Kautzky:
1. Angenommen, Sie haben drei Kinder im Volksschulalter. Marie ist die typische Musterschülerin und möchte unbedingt Latein lernen; Tobias tut sich in Deutsch schwer, ist aber ein Mathe-Ass; Markus interessiert sich für alles, nur nicht für die Schule, dementsprechend schauen auch seine Noten aus. Vielleicht können Sie sich ja in Zukunft die Suche nach der richtigen Schule für die drei sparen – dann, wenn's nur noch die Einheitsschule gibt. Aber: Wollen Sie das? Oder wollen Sie weiterhin das Recht, den Schultyp für jedes Kind entsprechend seinen Begabungen selbst aussuchen zu können?

2. Stellen Sie sich vor, Sie sind ein begeisterter, aber mittelmäßig begabter Fußballer. Durch Zufall dürfen Sie bei den Profis mittrainieren. Was denken Sie sich, wenn Sie beim Versuch, den Ball mit der Brust zu stoppen, jedes Mal eine Prellung davontra-

gen, während Sie sehen, wie den Profis das Leder butterweich von der Brust gleitet? Vermutlich wird sich Ihre Lust am Kicken bald verabschieden. Im Schulalltag zeigt sich leider: Die Idealvorstellung der Gesamtschulanhänger, dass die Begabten die Schwachen hinaufziehen, spielt es in der Praxis nicht. Motivation entsteht, wo Erfolgserlebnisse warten und nicht ständig die eigenen Defizite bewusst gemacht werden. Also sollte ein vernünftiges Schulsystem die verschiedensten Ziele anbieten – und nicht alle Schüler mit demselben Eintopf zwangsbeglücken.

3. Gern wird behauptet, unser Schulsystem selektiere zu früh und sei zu wenig durchlässig. Zwei Beispiele aus dem Bekanntenkreis: Fall 1 – Jenni, in der Volksschule eine passable Schülerin, wollte sich den Stress einer AHS nicht antun. Ergo: Ab in die damalige Hauptschule, von der sie problemlos den Umstieg in eine HAK schaffte. Jetzt studiert sie Geschichte. Fall 2 – Yvonne und Stephan waren gute Hauptschüler; nach der 4. Klasse wollten sie in der AHS weitermachen. Gesagt, getan: Dort sind sie Klassenbeste! Fazit: Schulwechsel an den Nahtstellen sind derzeit möglich und oft erfolgreich.

4. Klingt ja vielleicht anmaßend, soll's aber nicht sein: Ich kann mich nicht erinnern, dass mich eine Schülerfrage in grobe Verlegenheit gebracht hätte (äh, gemeint sind natürlich die fachlichen). Warum das so ist? Jeder AHS-Lehrer hat eine 4- bis 5-jährige Uni-Ausbildung hinter sich – er ist also in seinen Fächern erwiesenermaßen ein wissenschaftlicher Experte. Ein AHS-Schüler kann folglich zu Recht von seinen Lehrern erwarten, dass sie ihn kompetent auf eine vorwissenschaftliche Arbeit oder ein Studium vorbereiten – und das kontinuierlich über acht Jahre. Und nur so nebenbei: Dass ich niemals in meinem Leben Schüler in Mathe oder Chemie beglücken werde, ist (vermutlich auch für Letztere) ein durchaus erquicklicher Gedanke.

5. Ein gewöhnlich gut gebräunter Bildungsexperte aus der

Steiermark ließ verlauten: „Es ist wurscht, ob in einer Klasse 15 oder 30 Schüler sitzen!" Abgesehen von dieser, sagen wir, originellen These tritt er natürlich für die Gesamtschule ein – so wie eine Handvoll übriger Bildungsexperten, die in den Medien tagtäglich von einer Redaktion zur anderen herumgereicht werden. Seltsamerweise befindet sich unter meinen Bekannten hingegen kein einziger, der sich die Einführung der Gesamtschule wünscht – wahrscheinlich, weil viele Lehrer darunter sind, die vom Schulalltag „keine Ahnung" haben.

6. 2009 ging in Hamburg der Mittelstand auf die Straße. Der Grund: Die schwarz-grüne Stadtregierung wollte eine sechsjährige gemeinsame „Primarschule" einführen. Die Eltern (Motto: „Wir sind laut, weil man uns die Bildung klaut") erwirkten einen Volksentscheid – die Reform wurde abgeblasen, das differenzierte Schulwesen blieb, und der Bürgermeister nahm seinen Hut.

Glattauer:

1. Alle Untersuchungen (Lernpyramide nach Green, Martin etc.) zeigen, dass Kinder in gemischten Klassen MEHR lernen, nicht weniger. „Gute" werden besser, wenn man ihnen die Möglichkeit gibt, „schwächeren Schülern" etwas beizubringen. Dabei klären sie offene Fragen und festigen ihr Wissen. Die „Schwächeren" werden gut, denn Kinder lernen am besten voneinander. Richtig (!) gemacht, führt die gemeinsame Schule also zur Nivellierung nach oben.

2. 2011 bekam die Lichtenberg-Schule Göttingen den Staatspreis als „beste Schule Deutschlands" – eine Gesamtschule. Direktor Wolfgang Vogelsaenger sagt: „Von jenen, die nach der Grundschule als gymnasiumfähig eingestuft wurden, erreicht bei uns jeder das Abitur, von jenen, die für ungeeignet erklärt wurden, immer noch jeder Vierte. Beim Zentralabitur sind wir unter

den zwei Prozent der besten Oberstufen. Lehrerinnen und Eltern glauben immer, sie hätten einen riesigen Einfluss auf die Kinder. Entscheidend sind aber die anderen Kinder."

3. Auch wir haben eine funktionierende gemeinsame Schule – die Hauptschulen auf dem Land. Volksschulklassen treten fast geschlossen über, viele maturieren. Allerdings gehen 70 Prozent der Kinder in Städten zur Schule. Hier wechseln nur 8 Prozent der HS-Abgänger in die AHS-Oberstufe.

4. Die Volksschule ist nur auf dem Land eine „Gesamtschule". In den Städten gibt es eine Trennung je nach „bildungsnahem" und „-fernem" Wohnbezirk.

5. Die gemeinsame Schule hebt das Leistungsniveau. In der Schweiz, wo Bildung Sache der Kantone ist, endet die Gesamtschule en gros mit 12 Jahren, oft mit 14, flächendeckend gibt es die Ganztagsschule. Polen ist seit der Umstellung aufs „Gymnasium für alle" PISA-Aufsteiger Nr.1 und hat den stärksten Sprung nach vorn gemacht. Die Südtiroler rangieren 20 Punkte vor den Österreichtirolern. Die christlich-soziale Politikerin Kasslatter Mur sagt: „Kein Südtiroler würde die erfolgreiche Gesamtschule rückgängig machen."

7. Die Wirtschaft braucht besser ausgebildete Fachleute. Österreich kann stolz darauf sein, in der schulischen Berufsausbildung Europa-Vorbild zu sein. Aber langsam geht uns das qualifizierte Personal aus. 10 Prozent aller 16- bis 24-Jährigen haben weder einen Job noch sind sie in Ausbildung (bei Kindern von Zuwanderern 20 Prozent). Blieben die Kinder nach der Volksschule zusammen, wären die Facharbeiter von morgen besser ausgebildet, außerdem könnte man so auch angehende Gymnasiasten mit der Arbeitswelt vertraut machen.

8. Manche reden vom „funktionierenden Gymnasium". Bei aller Wertschätzung für die dort arbeitenden Kolleginnen: Die AHS funktioniert, wo Elternhäuser funktionieren. Wer kennt nicht den

Satz: „Morgen haben WIR Schularbeit". Unsere Eltern stecken 100 (!) Millionen Euro in die Nachhilfe.

9. Besonders schlimm: Einem Drittel der Schüler, die es ohne Nachhilfe nicht schaffen, wird nachmittags von Lehrern „nachgeholfen", die vormittags in den eigenen Klassen Fünfer verteilen.

10. Die trennende Schule ermöglicht schwarze Pädagogik: Lehrer, die in der Mittelstufe lieber Stoff unterrichten als Kinder, denen Noten wichtiger sind als Talente. All das gibt's, weil es ungestraft heißen darf: „Wenn es dir hier nicht passt, geh halt in die Hauptschule."

11. Die Neue Mittelschule bringt nichts, solange es auch die AHS-Unterstufe gibt. „Die NMS ist keine gemeinsame Schule – und sie führt auch nicht dorthin", sagt Ex-„Mr. PISA" Günter Haider. Die richtigen pädagogischen Konzepte wären an den NMS vorhanden. Was fehlt, sind die Kinder aus ALLER Herren Elternhäuser ...

Der Vogelsaenger als Elternfänger

Die mit dem deutschen Schulpreis ausgezeichnete Georg-Christoph-Lichtenberg-Schule in Göttingen, einer 100.000-Einwohner-Universitätsstadt in Niedersachsen, gilt als Vorzeigeschule der Gesamtschulbefürworter. Schüler zwischen der 5. und 10. Schulstufe lernen hier gemeinsam, Leistungsgruppen gibt es nicht. Die Schülerpopulation entspricht dem Querschnitt der Göttinger Bevölkerung: 60 Prozent der Schüler haben eine Gymnasialempfehlung, 40 nicht, darunter auch Kinder mit sonderpädagogischem Förderbedarf. In Leistungsvergleichen wie dem Zentralabitur gehört die IGS Göttingen regelmäßig zu den besten in Niedersachsen, beim Notendurchschnitt der Abiturienten etwa ist sie unter den besten zwei Prozent aller deutschen Schulen. Ihr Direktor Wolfgang Vogelsaenger ist Mathematiklehrer. Für ihn ist das Zusammenspiel zwischen Eltern und Schule für den Erfolg ausschlaggebend. Hier ein paar seiner Statements, die ich bei Vorträgen und in persönlichen Gesprächen gesammelt habe, zusammengefasst in einer Frage-Antwort-Konstruktion.

? Was macht den Erfolg Ihrer Gesamtschule aus?
! Wir sind eine Tischgruppenschule. Das heißt, vier oder fünf große Tische pro Klasse, um die herum jeweils sechs Schüler, die dann ein Jahr lang zusammen an diesem Tisch sitzen und arbeiten. Im optimalen Fall drei mit Gymnasiumeignung und drei ohne, darunter einer mit Förderbedarf. Eine Kleingruppe. Als die Schule vor 40 Jahren am grünen Tisch entwickelt wurde, gab es schon für die Architektur pädagogische Vorgaben. Und engagierte Eltern: Wie muss eine Schule sein, die unseren Vorstellungen genügt? Die Eltern haben dieses Konzept mitentwickelt.

? Wie kriegt man als Schule engagierte Eltern?
! Schon das erste Kennenlernen ist bei uns anders. Der Tag der offenen Tür findet samstagvormittags statt. Mehr als tausend Eltern, Großeltern und Schüler der 4. Klassen Grundschule kommen. Für die gibt es primär Führungen. Um 12 Uhr ist Schluss – dann treffen sich alle zum gemeinsamen Mittagessen. Wenn die Eltern wieder gehen, wissen sie: Die Schule hat ein Konzept. Wenn ich meine Kinder hier anmelde, dann muss ich ein Gesamtpaket nehmen. Ich will etwas von der Schule, aber die Schule will auch etwas von mir – nämlich Interesse und Aktivität.
? Gibt es klassische Elternsprechtage?
! Es gibt Tischgruppenabende, dabei trifft sich die Tischgruppe in der Wohnung oder im Haus eines der sechs Schüler. Die Lehrer kommen also als Gast in die Familie. Das ist eine andere Haltung, als wenn Eltern sozusagen vorgeladen werden. Da sind dann also sechs Eltern, oft zu zweit, sechs Kinder und zwei, drei Lehrer. Vier solcher Abende gibt es im Jahr. Bereits bei der Einschulung unterschreiben die Eltern, dass sie an diesen Abenden teilnehmen.
? Wie sehen diese Abende aus?
! Jeder Schüler stellt etwas anderes vor. Bei uns gibt es ja keine Hausübungen. So erfahren die Eltern, was in der Schule passiert. Dann gehen die Kinder spielen oder setzen sich an die Computer. Die Erwachsenen reden über Handys. Und irgendwann gehen auch die Lehrer, dann sind die Eltern unter sich.
? Welche Vorteile haben diese Tischgruppenabende?
! Wenn man sich an einen Tisch setzt, erreicht man etwas. Wenn Schüler und Eltern zum Beispiel klagen, dass im Englisch-Unterricht zu wenig gesprochen wird, ist das ein

Punkt, wo Lehrer sagen können: Gut, wenn das alle hier so sehen, dann stelle ich eben etwas um. Umgekehrt, wenn ein Vater erzählt, dass er jeden Abend seinem Sohn eine halbe Stunde vorliest, dann kommt vielleicht ein anderer Vater auf den Gedanken: Das ist eine gute Idee.

? Ist die Eltern-Schule-Beziehung für den Lernerfolg eines Kindes wichtig?

! Natürlich ist Unterrichten Sache der Schule – Eltern sollen keine Referate schreiben oder Mathe pauken. Ihre Aufgabe ist es aber, zu erziehen: Kinder pünktlich ins Bett bringen, den Fernsehkonsum einschränken und so weiter. Da braucht es Zusammenarbeit. Wir sind darauf angewiesen, dass zu Hause nicht gegen die Schule gearbeitet wird. Am besten funktioniert es, wenn alle an einem Strang ziehen.

? Bekommen Lehrer für diese Abende extra bezahlt?

! Nein. Aber der Lehrer kann ganz anders arbeiten. Es macht zufriedener, weil er dem Kind gerechter werden kann. Der Erfolg macht glücklich. Ich erlebe das, wenn Lehrer am Ende in der 10. Klasse Resümee ziehen (die Klassenverbände lösen sich dann auf, Anm.). Viele gehen mit tränenden Augen nach Hause, weil sich eine enge Beziehung zwischen Schülern, Eltern und Lehrern entwickelt hat.

Die Frau Ministerin und ihre Schulzeit

Als ich im März 2016 ein Exemplar der Jubiläumsausgabe zum siebenten Geburtstag der „Presse am Sonntag" in die Hand bekam, hatte ich ein Aha-Erlebnis – und tippte fast reflexartig auf den E-Mail-Button meines Smarttrottels.

„Liebe Frau Hammerschmid, mich hat Ihr Kommentar zum Sieben-Jahre-Jubiläum der ‚Presse am Sonntag' außerordentlich beeindruckt. Ich habe mir erlaubt, Passagen daraus in meiner kleinen Schule-Kolumne am kommenden Montag im ‚Kurier' zu zitieren. Selbstverständlich mit Hinweis auf das Original in der ‚Presse'. Ich hoffe, Sie haben nicht dagegen … mit liebem Gruß, Niki Glattauer

Noch am selben Tag bekam ich die Antwort:

„Alles in Ordnung, ich fühle mich geehrt ☺, LG HAM", mailte mir Sonja Hammerschmid zurück, uneitel und unprätentiös, wie das ihre Art zu sein scheint. Daraus wurde meine zwölfteilige Kolumnenserie „Die gute Schule" und Sonja Hammerschmid – mitten in diese Serie hinein und womöglich nicht ganz unabhängig davon ☺ – neue Bildungsministerin. Hier jener Text, den Sonja Hammerschmid als Rektorin der Veterinärmedizinischen Universität Wien über ihre ganz persönliche Sicht auf Schule und Lehrer verfasste, Titel: Eine statistische Ausreißerin.

Wenn es nach aktuellen Bildungsstudien ginge, hätte ich mit hoher Wahrscheinlichkeit nicht maturiert, geschweige denn ein Studium abgeschlossen. In regelmäßigen Abständen zeigen statistische Auswertungen, dass der Bildungsabschluss in Österreich von jenem der Eltern abhängt. Bildung wird sprichwörtlich vererbt. Meine Eltern waren keine Akademiker, hatten nicht einmal die Matura, sondern absolvierten nach der Pflichtschule eine Berufsausbildung. Wie kam es also, dass meine Laufbahn so anders verlief als jene meiner Eltern? Warum wurde ich zur „statistischen Ausreißerin"?

Ich wuchs in einer kleinen Marktgemeinde mit knapp 2000 Einwohnern im Mühlviertel auf. Meine Bildung begann Mitte der 1970er-Jahre in einer Volksschule, wie sie vermutlich in vielen ländlichen Gegenden Österreichs zu finden war und heute noch zu finden ist. Die Volksschule befand sich im Ortszentrum, was den Stellenwert der Schule architektonisch sehr schön verdeutlicht. Der dazumal relativ moderne Neubau beheimatete vier Klassen. Alle schulpflichtigen Kinder im Ort, egal ob die Tochter des Gemeindearztes, der Unternehmersohn oder die Kinder der umliegenden Bauernhöfe, besuchten gemeinsam die einzige Volksschule.

Gelebte Gesamtschule. Ein bunter Haufen von Kindern, ungeachtet ihrer sozialen Herkunft, war auch typisch für die vier Klassen Hauptschule, die ich anschließend besuchte. Die Frage nach einem Gymnasium stellte sich mangels Alternativen weder für mich noch für meine Mitschülerinnen und Mitschüler aus der Volksschule. Das nächstgelegene Gymnasium lag fast 50 Kilometer entfernt. So verbrachten wir Kinder aus dem Ort die ersten acht Schulstufen, also bis ins Alter von 14 Jahren, gemeinsam. Wir lebten die Gesamtschule mit gleichen Bildungschancen, wenngleich damals niemand den Begriff verwendete oder an die damit verbundene politische Ideologisierung dachte.

Doch es war nicht der Schultyp, der mich und meinen weiteren Bildungs- und Lebenslauf so entscheidend prägte. Es waren vielmehr die Menschen in der Schule, die es verstanden, in mir die Begeisterung und Neugier für Neues zu wecken und meine Talente zu fördern. Meine Lehrer übten ihren Beruf mit Hingabe aus und setzten sich für uns Schülerinnen und Schüler ein. Mein Volksschullehrer gestaltete seinen Unterricht aus heutiger Sicht völlig innovativ, er ersparte uns sogar die täglichen Hausübungen. Wir Kinder freuten uns, die Eltern wunderten sich, vertrauten aber dem Lehrer.

In der Hauptschule zeigten meine Lehrkräfte viel Kreativität, um mich in meinen Interessen zu bestärken. Wenn es der Sache dienlich war, wurde auch mal der Lehrplan über Bord geworfen. Das individuelle Eingehen auf meine Talente gab mir die Freiheit, mich im Einklang mit meinen Stärken zu entfalten und weiterzuentwickeln.

Ich habe also meinen Lehrerinnen und Lehrern wirklich viel zu verdanken. Sie waren für entscheidende Weichenstellungen in meinem Leben mitverantwortlich, wie den Besuch des Oberstufengymnasiums und das folgende naturwissenschaftliche Studium. Egal in welcher Schulstufe, das Augenmerk meiner Lehrer galt immer den individuellen Stärken. Niemand hielt sich unnötig mit meinen Defiziten auf.

Was logisch klingt, ist leider in unserem (Schul-)System nicht selbstverständlich, wo durch das verbissene Beheben von Schwächen Chancen verbaut werden und Talente verkommen. Natürlich waren es auch meine Eltern, die mich in meinen Vorhaben immer unterstützten und mir meine Ausbildung, insbesondere mein Studium, ermöglichten. Bildung war für sie ein krisenfestes Startkapital ins Leben. Sich an der individuellen Begabung und Begeisterung zu orientieren und nicht primär an den Aussichten auf dem Arbeitsmarkt, das erscheint mir bei Berufs- und Ausbildungsfragen als zentral.

Schlüsselperson Lehrer. Für mich ist der Lehrerberuf eine der anspruchsvollsten Aufgaben, die es in unserer Gesellschaft gibt. Lehrerinnen und Lehrer verdienen unsere volle Wertschätzung und Unterstützung. Gerade in der Flüchtlingsthematik werden Schule und Lehrer den Erfolg von Integration wesentlich mitbestimmen. Warum tun wir uns so schwer, ihnen den nötigen

Respekt zu zollen? Es sollte uns zu denken geben, dass diesen Schlüsselpersonen für die Zukunft unserer Kinder unsere Anerkennung immer wieder vorenthalten wird. Was sagt das über den gesellschaftlichen Stellenwert von Bildung?

Allzu schnell wird die im europäischen Vergleich zu geringe Akademikerquote Österreichs den Universitäten angelastet. Der freie Hochschulzugang kann aber nicht wiedergutmachen, was vom Schulsystem verabsäumt wurde. Ja, unser Stipendiensystem gehört dringend erneuert und besser finanziert, weil wir sonst Gefahr laufen, zusätzliche Hürden für einkommensschwache Studierende zu schaffen. Aufnahmeregelungen insbesondere für sehr stark nachgefragte Fächer sind aufgrund der limitierten Finanzmittel und im Sinne der Bildungsqualität notwendig.

Aufnahmeverfahren müssen jedoch auf Eignung der Studierenden und nicht auf ihre soziale Herkunft abzielen. Apropos Eignung: Aus meiner persönlichen Erfahrung kann ich mit Fug und Recht behaupten, dass die Qualifikation für eine Aufgabe wie den Lehrerberuf weitreichende Konsequenzen haben kann. Wer weiß, hätte ich das Glück hochengagierter Lehrer als wichtige Weichensteller nicht gehabt, ich hätte – zumindest statistisch gesehen – die Einladung zu diesem Kommentar vielleicht nie erhalten.

Sonja Hammerschmid, geboren 1968 in Steyr in eine Nicht-Akademikerfamilie, wurde am 1. Jänner 2016 als erste Frau in der Geschichte Präsidentin der Österreichischen Universitätenkonferenz. Am 18. März 2016 wurde sie als Bildungsministerin angelobt.

Reförmchen statt Reform: Was seit Jahrzehnten alles NICHT geschehen ist

Ob Neo-Ministerin Sonja Hammerschmid eine Schulreform stemmen wird, die diesen Namen auch verdient? Sagen wir so: Rechnet man auf Basis dessen hoch, was ihr im Schulreformpaket der Regierung Faymann hinterlassen wurde, bedürfte es eines kleinen Wunders. Das allgemeine Scheitern hier auf ein paar entscheidende Punkte heruntergebrochen:

- **Die Trennung der Kinder im Alter von 10 Jahren bleibt aufrecht**
  Trotz eindeutiger Angebote aus Wien (rot-grün regiert) und Vorarlberg (schwarz regiert), flächendeckend die „gemeinsame Mittelschule" einführen zu wollen, war in dem Entwurf, der im Herbst 2015 von den Verhandlungspartnern als „Meilenstein" präsentiert wurde, nur noch von „gedeckelten Modellregionen" die Rede. Konkret: „Gemeinsame Schulen" sollten zwar erlaubt werden, allerdings nur für bis zu maximal 15 Prozent aller Schulen eines Bundeslandes bzw. Zahl der Schüler einer Schulart. Mit dem – richtigen – Argument, dass ein solcher Modus eine „gemeinsame Schule" de facto nicht zulasse, weil selbst in diesen „Modellregionen" für drei Viertel aller Kinder alles bliebe wie vorher, verweigerten daraufhin die Grünen namens ihres Bildungssprechers Harald Walser ihre Zustimmung.[60]

- **Schulautonomie very light**
  Verfassungs- und Verwaltungsrechtsexperte Heinz Mayer, emeritierter Prof. der Uni Wien, fand im „Forbes"-Magazin klare Worte: „In dem vorliegenden Reformvorschlag trium-

phieren Kleingeist und Provinzialismus. Die Vorschläge zur Schulautonomie sind weit hinter den Vorschlägen der Expertengruppe zurückgeblieben. Dass zum Beispiel ein Schulleiter gegen die Bestellung eines Lehrers nur ein Vetorecht hat, ist völlig unzureichend. (…) Im OECD-Vergleich werden 46 Prozent aller relevanten Entscheidungen auf Schulebene getroffen, in Österreich würde der Prozentsatz nur knapp über 30 Prozent liegen." Die „Österreichische Lehrerinnen Initiative/Unabhängige Gewerkschafterinnen" (ÖLIUG) wettert: „Sonderpädagoginnen, Sozialarbeiterinnen, Übersetzerinnen, Psychologinnen, Freizeitpädagoginnen, Musik-/Instrumentallehrerinnen, Verwaltungspersonal – diese Arbeitsplätze sind über das Bildungsbudget zu finanzieren und nicht ‚autonom' durch Umwandeln = Streichen von Lehrerinnenstunden." Und Pflichtschul-Chefgewerkschafter Paul Kimberger schrieb gar: „Dass Schulen zukünftig darüber entscheiden können, ob sie bis zu fünf Prozent des Lehrpersonals lieber für Psychologen, Sozialarbeiter oder IT-Experten aufwenden wollen, ist für mich genauso skurril wie das Ausmaß der vorgesehenen ‚evidenzbasierten Qualitätssicherung' mit ‚pädagogischem Ergebniscontrolling'."

- **Politik vor Schule!**
Immer noch offen ist die Frage der Zuständigkeit für die Lehrer. Bund oder Länder? Angedacht sind statt Landesschulräten so genannte Bildungsdirektionen, die damit zwar neu heißen, aber de facto wieder den Landesregierungen unterstehen (in Wien, NÖ, OÖ und der Stmk. sogar de jure). Was vor allem in punkto Besetzung der Schulleitungen einem Einzementieren des Status quo gleichkommt: Hier der rote Direktor, dort der schwarze, da die schwarze Schule, die immer schwarz bleibt, da die rote, die immer rot bleibt, usw.; und wie in einem sol-

chen System diese alle quasi im Handumdrehen blau werden könnten, wenn eine Landesregierung einmal blau geworden ist, muss jetzt auch nicht dazugesagt werden ☺. Dazu wieder Verfassungsjurist Mayer: „Der gravierendste Mangel der vorgeschlagenen ‚Bildungsreform' besteht darin, dass die totale Verpolitisierung der operativen Ebene nicht beseitigt, sondern sogar noch verstärkt wird. Damit ist weiterhin der unmittelbare Zugriff der politischen Parteien auf die Schule sichergestellt. Ein modernes und leistungsfähiges Bildungssystem ist mit einer derart korrupten Personalpolitik nicht zu vereinbaren."

Die Brandrede des Präsidenten

Es war ein Paukenschlag, als der Präsident der Industriellenvereinigung (IV), Georg Kapsch, und IV-Generalsekretär Christoph Neumayer im Herbst 2014 zur „Bildungsrevolution"[61] aufriefen: „Bildung hat einen zentralen Stellenwert für Gesellschaft und Wirtschaft. Bildung ist die wesentliche Grundlage für eine erfolgreiche individuelle, gesellschaftliche und wirtschaftliche Zukunft", so Kapsch. „Unser Bildungssystem muss Maß an der Zukunft nehmen, deshalb braucht es einen grundlegenden Neustart. Das sind wir den jungen Menschen, den Eltern, den Pädagoginnen und Pädagogen sowie der Zukunft der Menschen in unserem Land schuldig. Wir haben den Punkt, wo man noch etwas mit Reformen hätte erreichen können, bereits vor Jahrzehnten überschritten. Wir brauchen daher keine Reformen, sondern eine Bildungs-Revolution."

Immerhin sei die letzte große Bildungs-Revolution in Österreich vor 250 Jahren unter Maria Theresia passiert. „Wir müssen Bildung von Grund auf neu denken. Das Ziel sind bessere Chancen für jedes Kind." Das derzeitige System ermögliche das „reine Absitzen" der Pflichtschuljahre, was nicht das Ziel sein könne, grundlegende Schritte seien im wahrsten Sinne des Wortes not-wendig. „Das gilt auch für die Politik, denn wir haben noch immer die Parteipolitik in den Schulen. Wir müssen raus aus den ideologischen Schützengräben und hin zu einer sachlichen Diskussion über Bildung. Wir brauchen mehr Spitze und mehr Breite."

Derzeit leiste sich Österreich eines der teuersten Bildungssysteme der Welt und liefere dennoch nur mittelmäßige Bildungsqualität: Während Österreich für sein Bildungswesen pro Kopf 9131 Euro jährlich ausgebe, seien es im OECD-Durchschnitt

6476 Euro, im EU-Durchschnitt 6077 Euro. „Jeder fünfte 15-Jährige kann nicht sinnerfassend lesen, und jedes Jahr verlassen Tausende die Schule ohne Pflichtschulabschluss – 2013 gab es 53.000 Personen zwischen 18 und 24 mit Pflichtschulabschluss oder weniger. Das muss sich ändern, denn zum einen trägt Bildung zur Persönlichkeitsbildung und Sinnfindung bei. Auf der anderen Seite sind Bildung und Wissen zentrale Erfolgsfaktoren der Wirtschaft und Industrie, auf deren Grundlage Innovationen entstehen."

Aufgrund dessen habe die IV ein Modell für eine neue Schule entwickelt. „Die Basis unseres Modells sind unter anderem international erfolgreiche Beispiele wie die Niederlande, Finnland oder Polen. Diese erfolgreichen Systeme kombinieren eine gemeinsame Schule mit innerer Differenzierung, hoher Autonomie, Vorgabe von Kompetenzniveaus und einer hohen Qualität des Lehrpersonals", betonte Kapsch. Die IV trete daher für eine „nach innen differenzierte gemeinsame Schule vom ersten Schultag bis zur ‚mittleren Reife' ein", so der IV-Präsident. Diese neue Schule solle alle bisherigen Schulformen und -typen in der Primar- und Sekundarstufe I sowie die polytechnische Schule ablösen. Eines sei damit jedoch auch klar: Die IV wolle kein bloßes Zusammenführen von HS, NMS und AHS zu einer gemeinsamen Schule, ohne an den Grundfesten des Systems etwas zu ändern; kein bloßes Auswechseln von Türschildern ohne Verbesserung der Bildungsqualität; keine Nivellierung der Bildungsqualität nach unten. Qualitativ hochwertige Elementarpädagogik sei die Voraussetzung für ein funktionierendes Pflichtschulwesen. Es gehe erstens um Bildungsziele, zweitens um Strukturen und drittens um das Dienstrecht.

„Das Ziel ist es, die inadäquaten Brüche des aktuellen Systems, einmal zwischen der Elementarpädagogik und der Volksschule und zweitens zwischen der vierten und fünften Schulstufe, zu vermeiden", so Kapsch. Die neue Schule solle zudem modernen Lebens- und Arbeitswelten gerecht werden, allerdings ohne – Stichwort Ganztagsschule – den Menschen die Wahlfreiheit zu nehmen: „Es muss nicht alles in der Schule stattfinden, aber es muss alles in der Schule stattfinden können." Zentral sei die Umstellung von der Schulpflicht auf eine „Bildungspflicht". Das IV-Modell sei so angelegt, dass alle aktuellen Strukturen mit entsprechenden Übergangsfristen im neuen Modell aufgehen könnten, so Kapsch.

Die wichtigsten Kennzeichen der neuen Schule:
- Neustrukturierung der bisherigen neun Pflichtschuljahre in drei neue Schulphasen, die jeweils zwei bis drei Jahre dauern und unterschiedliche Schwerpunkte setzen.
- Verschränkter, gemeinsamer Ganztagsunterricht: Aufteilung des Schultages in eine Kernzeit (8:30 bis 15:30 Uhr) und Erweiterungszeit (optional von 7:00 bis 19:00 Uhr).
- Individualisierter Unterricht, der Stärken und Talente fördert und auf Methodenvielfalt setzt.
- Die bisherige Unterrichtspflicht wird durch eine „Bildungspflicht" ersetzt, die sich an klar definierten Bildungszielen orientiert.
- Die Bildungspflicht beginnt mit vier Jahren (zweites verpflichtendes Kindergartenjahr) und endet mit dem erfolgreichen Abschluss der mittleren Reifeprüfung, die am Ende des achten Schuljahres stattfindet. Sie kann nach individuellem Bedarf und Lernerfolg auch kürzer oder länger andauern, längstens jedoch bis zum Alter von 18 Jahren.
- Im Anschluss wählen die Schülerinnen und Schüler, welche die mittlere Reifeprüfung positiv absolviert haben, eines der weiterführenden Bildungsangebote: berufsbildende höhere und mittlere Schulen, duale Berufsausbildung, AHS-Oberstufe. Zukünftig starten jene Jugendlichen, die sich für eine

duale Berufsausbildung entscheiden, mit einem vollschulischen Berufsschuljahr in diesen Bildungsweg.
- Hohe Autonomie der Schule mit Rechten und Pflichten in pädagogischen, finanziellen und personellen Belangen.
- Öffentlich finanziertes Schulwesen durch ein neues „Schulträgerschaftsmodell": Es löst die bisherige Systematik von öffentlichen und privaten Schulen (inkl. Sprengel als abgegrenztes Einzugsgebiet) auf und ist in eine schlanke Schulverwaltungsstruktur eingebettet.

Insgesamt fokussiere das IV-Modell auf eine deutliche Verbesserung der Qualität im Bereich der heutigen Pflichtschulzeit. „Wir konzentrieren uns auf jene Schulphase, die derzeit ‚Pflichtschule' heißt. Und wir wollen mit unserem Modell erreichen, dass die Bildungsergebnisse dieser Grundschulzeit deutlich wachsen. Wir setzen uns für mehr Bildungsqualität am Ende dieser Phase und für bessere Chancen für jedes einzelne Kind ein." Es gehe der IV in diesem Sinne nicht darum, darüber zu sprechen, „etwas abzuschaffen, sondern wir wollen Schule von Grund auf neu bauen."

Die IV nennt sieben Bildungsziele, an denen sich das Bildungswesen in Österreich orientieren solle. Neben 1) Grundkompetenzen in den Kulturtechniken gehe es dabei 2) um den Erwerb von Allgemeinbildung in möglichst allen Lebensbereichen, 3) um Sozial- und Wertebildung, 4) mehr wirtschaftliches Grundverständnis, 5) naturwissenschaftlich-technische Kompetenzen, 6) Kooperationsfähigkeit sowie 7) Selbstvertrauen und Handlungskompetenz. Es gehe um Schlüsselkompetenzen, „von denen wir meinen, dass sie die Gesellschaft und der Arbeitsmarkt von morgen brauchen".

Die zentrale Matura – peripher gescheitert?

Eigentlich ist sie ein Minderheitenproblem. Gerade einmal 43.000 Schüler machen die Matura und damit immer noch deutlich weniger als die Hälfte aller jungen Österreicher im Matura-Alter. Dennoch interessiert das Wann, Wo und Wie von Maturaprüfungen – aktuell im Modus der so genannten „Zentralmatura"[62] – die veröffentlichte Meinung wesentlich mehr als, sagen wir, Lehrlings- oder Gesellenprüfungen. Das ist zwar in jeder Hinsicht unfair, aber Tatsache. Da ich davon ausgehe, dass auch meine Leserinnen an Fragen zur Matura interessiert sind – sei es, weil sie selber eine vor sich oder hinter sich haben, sei es, weil sie Kinder haben, denen es so geht –, bat ich den Lehrer und grünen Bildungspolitiker Daniel Landau für „Best of Schule" um einen ganz privaten Kommentar zum Thema. Lesen Sie hier:

Zentralmatura – quo vadis?
Ein, vielleicht entscheidender, Punkt vorab: Wie lösen wir den Widerspruch zwischen Vergleichbarkeit, und damit Messbarkeit, und der Frage nach Individualität auf? Die eine Seite lässt sich über den berechtigten Anspruch des Staates erklären, zu sehen, was jewails an Bildung „ankommt". Dieser Einblick in die „Black Box" Schule könnte, bei Vorliegen der erwähnten Datentransparenz, auch gut zur Schulentwicklung beitragen.

Andererseits fordern nicht nur Vertreterinnen der Schülerinnen und Schüler mehr und weiterführende Wahlmöglichkeiten im Rahmen der angekündigten Modularisierung der Oberstufe. Auch andere empfehlen eine verstärkte Schwerpunktsetzung, die individuelle Stärken und Interessen besser abbildet.

So gesehen stellen die folgenden kurz umrissenen Lösungsvorschläge für diesen Widerspruch erste Antwortversuche dar:

- Warum müssen (jedenfalls an der AHS) in manchen Gegenständen alle schriftlich maturieren? Fächer bis zur achten Klasse durchgehend zu unterrichten, ist für mich schlüssig. Aber jede und jeden durch eine Matura förmlich schleifen zu müssen, stellt(e) – als Beispiel in Mathematik – für Abertausende eine richtiggehende Qual dar. Diese Verpflichtung für alle führt, auch aus meiner Lehrersicht, zu schmerzlichen Zeitverlusten. Zeit, zielführender für jene verwendet, die im Fach maturieren wollen.
- Machte es Sinn, vielleicht nur Deutsch als die Landessprache und eine Fremdsprache (wohl meist Englisch) als für alle verpflichtend auszugestalten? Und selbst dies – schriftlich verpflichtend oder jeweils auch nur mündlich möglich?

Alle anderen Bereiche wären in diesem Modell selbst wählbar. Dabei müsste jeweils keineswegs auf Standardisierung verzichtet werden. Und, um beim Beispiel Mathematik zu bleiben: Wie heute beim Latinum, müssten wohl für jene, die weder schriftlich noch mündlich in Mathematik maturieren, für einige Studien vorab Kurse angeboten und Prüfungen verlangt werden.

- Es braucht eine fundierte Diskussion und eine genauere Definition: „Was sind Mindeststandards?" Was also sollen alle, die in Österreich maturieren, im jeweiligen Fach beherrschen? Ich fände es günstig, jene Bereiche, die darüber hinausführen, wieder den Lehrerinnen und Lehrern zur Themenstellung frei zu geben. Also eine Teilzentralisierung, die es weiterhin ermöglichen würde, dass in Klassen spezifische Schwerpunktthemen abgefragt werden.
- Oder, ein Gedanke aus Frankreich: Dort können herausragende Leistungen in einem Fach dazu herangezogen werden, um damit etwaige Schwächen aus anderen Fächern zu kompensieren.

Man wird die Diskussion über das „oberste Stockwerk" der schulischen Bildung nur wenig ergiebig führen können, wenn man sich nicht auch die darunter liegenden Stockwerke ansieht. Hinunter bis zum Fundament, also bis zum Kindergarten.

Zuletzt ein paar Fragen, deren Beantwortung umgehend zu Handlungen (!) führen sollte:

Wie bekommen wir besonders geeignete Menschen in die pädagogischen Berufe?

Wie wählen wir diese Menschen aus? Wie bilden wir sie aus?

Was muss sich ändern, um Kinder an ihren Talenten wachsen zu lassen, statt den starken Fokus auf Defizite zu legen? Wie unterstützt man dabei das Selbstwertgefühl, das hilft, vorhandene Schwächen auszugleichen?

Wie überwinden wir den „organisatorischen Habitus", Kinder in 50-Minuten-Häufchen zu unterrichten und dabei stur und rein nach ihrem Lebensalter zu gruppieren?

Was heißt „wirkliche" Autonomie, die bis zu den Schülerinnen und Schülern reicht?

Wie überwinden wir die jahrhundertealte Tradition des Aussiebens, der Trennung (anhand oft eines Defizites) mit zehn Jahren, und ihre negativen Auswirkungen, vor allem in großen Städten?

Wie ermöglichen wir endlich „wirkliche Wahlfreiheit (!)" durch innere Differenzierung für jedes Kind unter möglichst jedem Schuldach?

Wie schaffen wir es, das Prinzip der „vererbten Bildung" zu verlassen und damit jene Eltern zu entlasten, die nichts oder wenig zu vererben haben?

Wie ermöglicht man es andererseits Eltern, die „gute Bildung vererben können und wollen", dies auch zu tun?

Wie vermitteln wir die Gleichwertigkeit der Lebensweg-Entscheidung für Lehre, Handwerk und jeden anderen „nicht-akademisierten" Beruf?

... und schließlich: Wie können wir es schaffen, dass sich nicht mehr die Kinder an Kindergärten und SchülerInnen an Schulen anpassen müssen, sondern umgekehrt sich diese, möglichst genau, an jedes Kind?

Migration und andere Hintergründe

Für den Begriff „Migration" gibt es ja verschiedene Definitionen.
- In der Biologie ist sie die Positionsveränderung von Zellen im Körper.
- In der Geologie die Wanderung von Erdgas vom Muttergestein ins Speichergestein.
- In der Elektronik wird unter Migration der Platzwechsel von Ionen in einem elektrischen Feld verstanden.
- In der Astronomie die Veränderung der Bahn von Planeten während des Entstehens eines Planetensystems.
- Und in der Ökonomie ist Migration der Verlust von Kunden, die sich einer anderen Firma zuwenden.

Der Verlust, wohlgemerkt. Zu einer diesem letzten Punkt inhaltlich diametral entgegengesetzten Definition gelangen die Regierungen mancher europäischer Staaten (vor allem jene Nord- und Osteuropas), wenn sie Migration soziologisch betrachten. Da wird der Migrant nicht als Emigrant zum Verlust, sondern als Immigrant ... Warum da plötzlich umgekehrt?

„Ein Land mit nur einer Sprache und einer Sitte ist schwach und gebrechlich. Darum ehre die Fremden und hole sie ins Land", sagte schon Stephan I. (975–1038), König von Ungarn, als man dort noch ohne Schutzwälle gegen flüchtende Menschen auskam.

Dass man „Fremde" ins Land holen kann, ohne sie ehren zu müssen, erkannte man in den reicheren Ländern Europas Mitte des 20. Jahrhunderts, auch in Österreich. In den 1960er-Jahren wurden Bau- und Straßenarbeiter aus der Türkei und dem damaligen Jugoslawien ins Land der Hämmer geholt, ab den 1980er-Jahren Vietnamesen, Philippinos (als Kranken- und Altenpfleger) und Chinesinnen (als Krankenschwestern sowie für das Gastgewerbe). Parallel dazu kommen seit damals Menschen, die vor Krieg, Not oder Armut flüchten, einmal mehr, einmal weniger, einmal aus Ungarn oder Bosnien, seit September 2015 zum Großteil aus dem arabischen Raum und Nordafrika. Faktum ist, dass Österreich 2015 mit fast 90.000 neuen Asylanträgen befasst wurde. Im Jahr davor waren es „nur" 28.000 gewesen, in den zwei Jahren davor jährlich rund 17.000. Eine so genannte „Richtlinie", die im Jänner 2016 beschlossen wurde, soll dafür sorgen, dass 2016 nur noch 37.500 um Asyl werbende Menschen auf der Flucht ins Land gelassen werden. Inklusive Familiennachzug sollen ab da bis 2019 höchstens 127.500 um Aysl ansuchende Menschen auf der Flucht aufgenommen werden.

„Migrationshintergrund" haben aber andere auch. 8,7 Millionen Menschen leben zurzeit in Österreich. Laut Integrationsbericht 2015 der Statistik Austria haben rund 20 Prozent davon (also jeder Fünfte) einen sogenannten Migrationshintergrund. Nach meiner persönlichen Definition gibt es zwar kaum eine Österreicherin, die ihn NICHT hat (Prinz Eugen, Bruno Kreisky, David Alaba, Elfriede Jelinek, Udo Jürgens, Haze Strache, den Inder oder meine Person mit eingeschlossen), was allerdings die vorher erwähnten 20 Prozent verbindet, also rund 1,7 Millionen Menschen, ist der Umstand, dass die Person selbst oder aber ihre Eltern aus dem Ausland stammen – und sie daher eine andere „Muttersprache" sprechen.

Grundsätzlich ist mit „Muttersprache" die Erstsprache eines Menschen gemeint, also jene Sprache, in der die nächsten Bezugspersonen (Mutter, Oma, Nachbarin, Sozialarbeiterin) mit einem Kleinkind hauptsächlich kommunizieren. Die Zweitsprache wird im sozialen Umfeld durch Kontakt mit Menschen anderer Erstsprachen erworben oder eben nicht erworben, wie das zum Beispiel mit Deutsch durch ein Kind mit der Erstsprache Türkisch in einem Kindergarten in Wien-Ottakring für gewöhnlich der Fall ist. Eine „Fremdsprache" lernt man dann – oder auch nicht – in der Schule. Ein in Dornbirn gut beschultes Kind aus zum Beispiel Brčko könnte mit 18 Jahren drei Muttersprachen (Bosnisch, Kroatisch, Serbisch), zwei Zweitsprachen (Deutsch, Gsibergerisch) und zwei Fremdsprachen (zum Beispiel Englisch und Türkisch) beherrschen. Oft beherrscht es jedoch keine davon.

5000 Menschen in Österreich sprechen übrigens Aramäisch, die zur semitischen Sprachfamilie gehörige älteste Buchstabenschrift der Welt. Und weil eine für Europa nicht ganz unwichtige historische Persönlichkeit namens Joshua, hierzulande besser bekannt als Jesus, Aramäer war, noch eine für Religion-Addicts vielleicht interessante Zusatzinfo: Die meisten österreichischen Aramäer gehören nicht der römisch-katholischen, sondern der syrisch-orthodoxen Kirche an.

Von guten und miesen Müttern

Dass in Österreich die Elternhäuser über die Bildungskarriere von Kindern entscheiden und nicht die Schulhäuser, wurde schon kritisiert. Warum kritisiert? Weil es dazu führt, dass Schüler mit, nennen wir es, „schwächeren" Elternhäusern oft unverschuldet auf der Strecke bleiben. Der eine Aspekt dabei ist das Engagement vor allem der Mütter, die zu Hause Co-Unterricht leisten. Wie die Linguistin Helga Kotthoff, Professorin an der Albert-Ludwigs-Universität in Freiburg, in einem „Standard"-Interview[63] sagte, sind es nämlich nicht die Eltern, sondern die Mütter, die für Bildungsvor- oder -nachteile unserer Sprösslinge sorgen.

! Helga Kotthoff: Es stellte sich in den Gesprächsaufnahmen heraus, dass es fast nur Mütter sind, die diese Gespräche mit Lehrerinnen und Lehrern führen. Mütter erzählen mit einem unglaublichen Detailreichtum, was mit den Kindern zu Hause verhandelt wird, und es zeigt sich, dass Mütter sehr stark eine Identität der Co-Lehrerin haben – und sie sind auch Co-Lehrerinnen! Die Pädagogin Heidi Schrodt hat mir bestätigt, dass unsere Schulsysteme, das deutsche genauso wie das österreichische, voll mit dem Einsatz der Eltern, im Klartext der Mütter, rechnen. Das ist ein halbbewusstes Wissen: Die Mütter wissen, dass sie in der Schule diese Identität zum Anschlag bringen müssen. Migrierte Mütter machen das hingegen nicht, erstens weil sie nicht immer die Deutschkenntnisse haben, und zweitens weil sie diese schulischen Realitäten gar nicht so durchschauen können. (...) In anderen Ländern mit anderen Schulsystemen gibt es diese Co-Lehrerinnen-Identität viel weniger,

z. B. in Frankreich, wo die Schule erst um fünf endet. Bei uns haben die Kinder zum Beispiel die Hausaufgabe, eine Powerpoint-Präsentation zu machen, was in der Schule nicht vorbereitet wurde. Und dann setzen sich die akademischen Eltern hin und machen das mit ihnen. Doch was machen die Eltern, die selbst noch nie eine Powerpoint-Präsentation gemacht haben? Die Schule spiegelt diese Seite von sich selber. Es gibt eine Verbindung von Mikro und Makro: Wir wissen aus der soziologischen Makroebene, dass sich in den deutschsprachigen Gesellschaften die Herkunft im Bildungssystem extrem durchschlägt. Kinder aus gebildeten Haushalten kommen hochprozentig ans Gymnasium, die anderen nicht. Und diese Identitäten führen die Mütter auf der Mikroebene vor.

? Die starke soziale Selektion des Bildungssystems wird durch das implizite Wissen der Mütter, Co-Lehrerin sein zu müssen, verstärkt?

! Ja, einerseits können das nicht alle, doch wenn es eine Mutter kann, wirkt das auf Lehrer und Lehrerinnen sehr kompetent. Bis vor Kurzem waren in Deutschland die Empfehlungen der Lehrer und Lehrerinnen für den weiterführenden Schulweg noch bindend. Und in meinen Interviews mit Lehrpersonen sagen diese: Ja klar, wenn die Mutter Akademikerin ist, dann bringt die ihre Tochter schon durchs Gymnasium. Heidi Schrodt macht in ihrem Buch „Sehr gut oder Nicht genügend? Schule und Migration in Österreich" klar, dass etwa auch türkischstämmige Eltern sehr bildungsorientiert sind, aber sie trauen sich oft nicht in die Schule und zu den Elternsprechtagen. Sie wissen oft nicht, wie sie sich verhalten sollen, und sprechen womöglich gebrochenes Deutsch. Und sie haben auch dieses implizite Wissen über ihre Rolle nicht. In der

Türkei gibt es etwa dieses Sichverlassen darauf, dass das Elternhaus ausgleichend wirken muss, nicht. Das Sichverlassen auf die Schule ist viel stärker.

Ein ganz anderer Aspekt für mich ist die Mutter, die zwar könnte, sich aber in „selbstgewählte Überforderung" flüchtet. Da kritisiere ich jetzt nicht das Fehlen einer „Morgen-haben-wir-Mathematikschularbeit"-Haltung (im Gegenteil, eine solche lehne ich aus im Buch bereits dargelegten Gründen nämlich ab), ich kritisiere – als Lehrer – die Mütter (und übrigens auch die Väter) vernachlässigter Kinder, für die zu Hause keine Zeit mehr ist. Anlässlich eines Muttertags habe ich in einem Gast-Kommentar für den „Standard"[64] dazu polemisiert. Hier eine aktualisierte Variation davon:

Alles, was man gut machen kann, kann man bekanntlich auch schlecht machen. Daher gibt es miese Tänzer, miese Schriftsteller, miese Lehrer und, lassen wir es heraus: miese Mütter. Ein mieser Schriftsteller zum Beispiel kann man aus den verschiedensten Gründen sein: vorher keine Gedanken gemacht, nachher alles auf einmal gewollt, die falschen Wörter im falschen Jahr beim falschen Verlag, zu wenig Geduld, zu viel anderes Zeug im Kopf und selten: einfach kein Talent. Bei den miesen Müttern ist es nicht viel anders: vorher zu wenige Gedanken gemacht, nachher zu viel gewollt, das falsche Kind zur falschen Zeit vom falschen Mann, keine Geduld, zu viel anderes Zeug im Kopf und selten: kein Talent. Die Miesmütter hört man oft klagen, sie wären gern „mehr als nur Mütter": beruflich erfolgreich, finanziell auf eigenen Füßen, selbstbestimmt, blabla. Was sie nicht zugeben: Miesmütter wollen zumeist nicht „mehr" sein als nur Mütter. Sie wollen etwas anderes sein. Man sieht die miesen Mütter jeden Tag. Und im günstigsten Fall sieht man sich dann nicht im Spiegel.

Auch wenn es niemand hören will: Die Mutter eines Kleinkinds muss schon eine ziemlich miese Mutter sein, dass ihr der Vater im Bedeutungs- und Funktionsranking den Rang ablaufen kann. Ich weiß, wovon ich schreibe, ich habe eine 13-jährige Tochter und einen 7-jährigen Sohn. Die bittere Pille für den bemühten Vater, jedenfalls den eines Kleinkinds, ist ja diese: Du kannst dir noch so sehr den Haxen ausreißen, indem du Popschi wischt, Nureflex richtig zu dosieren weißt und den Durchblick hast, welches Minecraft-Monster dein Sohn gerade besonders gut findet – eigentlich will ein Kind seine Mami nur für sich, ganz und jetzt, und du kannst hechelnd dafür sorgen, dass ihr die Luft dabei nicht ganz ausgeht. Rollentausch? Eine Übung, die nur jenen gelingt, die sie auch probieren. Und was daher an dieser Stelle natürlich auch gesagt gehört: Das Land ist voll von miesen Vätern. Neben den eh-klar-miesen Vätern (Kind hauen, Frau anbrüllen usw.) und den eh-schon-wissen-miesen Vätern (Was-ist-jetzt-mit-meinem-Bier-und-schau-dass-das-Kind-endlich-ruhig-ist), gibt es die verdeckt miesen Väter. Die, die zuerst aller Welt aufs Aug drücken, dass sie Vater geworden sind, und ab diesem Zeitpunkt genau gar nichts mehr tun.

Es ist doch so: Man kommt am Abend entweder nicht nach Hause, weil man noch arbeiten will, oder man geht nach Hause, weil man nach Hause gehen will. Entscheidungen wie diese kann in der Regel jedermann treffen. Das ist eine Frage der Wertigkeit. Aus. Aber glaubt einer im Ernst, Frauen verhalten oder (Konjunktiv) verhielten sich im umgekehrten Fall anders als Männer? All das Gesülze von der angestrebten Rollengleichheit in der Kinderbetreuung hat doch vor allem einen Zweck: den Rollentausch. Nach den Männern – und am liebsten statt diesen – wollen jetzt endlich auch die Frauen ihre Kinder mit gesellschaftlichem Sanktus vernachlässigen dürfen. Mich wundert es nicht: Ob nun der Termin, der einem seit Tagen im Magen liegt, die xte unbezahlte

Überstunde, die depperten Kollegen oder der komplett danebene Chef – alles immer noch lustiger, als dem Kind im Sankt Anna Kinderspital bei 28 °C Raumtemperatur von der Elternpritsche aus die dritte Nacht hintereinander über die glühende Stirn zu streicheln.

Als Lehrer bin ich zum Thema auf eine einfache Formel gestoßen: Je mehr miese Mütter, desto mehr miese Schüler, die einem das Leben schwer machen. Schon aus Gründen der Selbsterhaltung bin ich also für das umgehende Angehen von Lösungen. Eine, die keine ist, ist die institutionelle Ganztagsbetreuung. Sicher, die Ganztagsschule gehört her, zum einen als pädagogische Notwendigkeit, zum anderen als Entlastung für Eltern in einer durch und durch kinderungerechten Gesellschaft. Aber das Problem der Überforderung, wenn Papi und Mami neben ihrer Karriere auch noch ihre statistisch 1,4 Kinder haben, löst die Ganztagsschule bestimmt nicht. Besser also, als mit Vollgas die geistige Kinderweglegung weiter zu fördern, wäre es, dieser entgegenzusteuern. Das redliche Bemühen, Frauen weg vom Herd und damit aus dem gesellschaftlichen Abseits zu holen, hat diese in Wahrheit leider auch noch ins berufliche Abseits geführt, und dies, ohne dass sie ihre Hauptrolle am Herd deswegen losgeworden wären. Mit offensichtlicher Wirkung: Frauen sind am Arbeitsmarkt benachteiligt, psychisch und physisch überbelastet und in der Folge noch miesere Mütter.

Noch mehr als für Ganztagsschulen plädiere ich daher für ganze Eltern. Die ihren Job ernst nehmen – und von unserer Gesellschaft auch ihre Boni dafür bekommen. Meiner jetzt 92-jährigen Mutter mit Pflegestufe 8 werden monatlich € 920,- für ihre Betreuung zugesprochen, die Kinderbeihilfe beläuft sich gerade einmal auf ein Viertel dieses Betrags. € 190,- bekommen wir pro Monat für ein Kind.

In dem preisgekrönten Ö1-Feature „Zwei Mütter – Ein Porträt

der ehemaligen SOS-Kinderdorfmutter Angela Sasshofer und ihrer Familie" von Isabelle Engels[65] sagt Angela Sasshofer: Sie habe nie eine Frau sein wollen, die arbeitet und gleichzeitig Kinder hat. Die in dieser Doppelfunktion gezwungen sei, tagsüber nur beruflichen Verpflichtungen nachzukommen, hinterher erschöpft nach Hause zu hecheln und die Kinder am Abend schnellschnell ins Bett zu bringen, um selber noch etwas vom Tag zu haben.

Angela Sasshofer ging daher in ein Kinderdorf und wurde dort Mutter von fünf Geschwistern zwischen sechs und zwölf Jahren – Kinder türkischer Zuwanderer, die kaum Deutsch sprachen und in Armut lebten, nachdem ihre leibliche Mutter Selbstmord begangen hatte. In einem Interview mit der „Wiener Zeitung" sagte sie: „Ich hatte das Glück, eine professionelle Mutter gewesen zu sein. Wir bekamen Supervision und Coachings, aber gingen ganz normal einkaufen und machten den Haushalt. Es gab einen Kollektivvertrag, eine Sechs-Tage-Woche und fünf Wochen Urlaub, in denen sich eine Familienhelferin um die Kinder kümmerte, sofern die nicht im Ferienlager waren. Diese freien Tage braucht man als Mutter. Ich wünschte, dass es das für jede Mutter gäbe."

Eigentlich ist dem nichts hinzuzufügen. Doch. Für Männer, die lieber gute Väter sein möchten, als gute sogenannte „berufliche Karrieren" zu machen, sollte das genauso gelten. Und damit es jetzt ja keine Missverständnisse gibt: Nicht „Frau, zurück zum Herd!" soll es heißen, sondern: „Eltern, zurück zum Kind!"

Quellen und Anmerkungen

1 Bundesbildungsanstalt für Kindergartenpädagogik; Höhere technische Lehranstalt, Handelsakademie
2 Ergebnisse der „Standardüberprüfung Deutsch. 4. Schulstufe", veröffentlicht im April 2016
3 Entwurf des Bildungsministeriums zum Schulrechtspaket, Mai 2016
4 „Junglehrerin" ist im Schul-Jargon jede Anfängerin, unabhängig von ihrem Lebensalter.
5 In meinen beiden Sachbüchern „Der engagierte Lehrer und seine Feinde" und „Die PISA-Lüge" (beide Ueberreuter), sowie in meinen Romanen „Mitteilungsheft: Leider hat Lukas …" und „Leider hat Lukas schon wieder " (beide Kremayr & Scheriau) sowie in Form von Kolumnen im „Kurier" („Schule und der Rest der Welt"), diversen Gastkommentaren und Beiträgen in Zeitungen und Magazinen („Der Standard", „profil", „Eltern", „~~Hustler~~" (nein, dort nicht ☺), ja sogar Schulbüchern
6 Spanisch für Hoden (im Sinn der sprichwörtlichen Eier)
7 UHBP ist die in Österreich gebräuchliche, ironische Abkürzung für U*nser* H*err* B*undes*p*räsident*. Geprägt (wenn nicht sogar erfunden) hat den Begriff der „Kurier"-Kolumnist Herbert Hufnagl.
8 Gemeint: halbe Lehrverpflichtung, entspricht dem, was in

der Welt „da draußen" Teilzeitarbeit heißt. Eine volle Lehrverpflichtung bedeutet für Pflichtschullehrerinnen im Schnitt 21 Netto-Unterrichtsstunden, für AHS-Lehrerinnen je nach Fächerkombination zwischen 17 und 21 Stunden.

9   Rund 30.000 Kinder mit sonderpädagogischem Förderbedarf (SPF) gibt es offiziell in Österreich, inoffiziell sitzen in den NMS-Klassen dreimal so viele, die einen SPF benötigen würden, ihn aber nicht bekommen, weil die Zahl gesetzlich mit 2,8 Prozent aller Schüler „gedeckelt" ist.

10 Seit 1993 können Eltern entscheiden, ob sie ihr Kind in eine Sonder- oder eine Regelschule mit Integrationsklassen geben. Wobei es regional große Unterschiede gibt – in der Steiermark lernen 82 Prozent der Kinder mit sonderpädagogischem Förderbedarf (SPF) in Regelklassen, in Niederösterreich sind es 32 Prozent. Die Kosten für Sonderschulen sind besonders hoch: Für einen Schüler werden laut nationalem Bildungsbericht € 30.900,– ausgegeben – zum Vergleich: für einen Hauptschüler € 9150,–. § 24 der UN-Behindertenkonvention besagt, dass Bildung inklusiv sein soll. Für die meisten Pädagogen heißt das, dass die Sonderschulen abzuschaffen sind. In der Praxis bedeutet das auch das Aus für die klassische Integrations-Lehrerin. Lehramtsstudierende können „inklusive Pädagogik" als Zweitfach wählen. Für alle anderen ist es ein Modul der Ausbildung. An der PH Wien findet es im Schwerpunkt „Inklusive Pädagogik/Sonderpädagogik", Leitung Prof. Rainer Grubich, besondere Berücksichtigung.

11 Laut „Kurier", Februar 2015

12 Bis 2018/19 werden alle rund 1700 ehemaligen Hauptschulen mittels Stufenplan zu „Neuen Mittelschulen" umgewandelt sein, dazu gibt es zehn AHS mit dem „Modellversuch Neue Mittelschule", fünf davon allein in Wien. Die NMS sind also im Grunde Hauptschulen geblieben, in den städtischen Ballungsräumen solche mit, wie es so schön heißt, „hohem Anteil an Migranten und bildungsfernem Herkunftsmilieu".

13 „Der Standard", 16.12.2010

14 „Der Standard", 9.9.2009
15 So wird der Betriebswirt und Bestsellerautor Andreas Salcher regelmäßig in der Tageszeitung „Österreich" bezeichnet, nachzulesen auch im Online-Auftritt der Gratiszeitung, z. B. da: http://www.oe24.at/oesterreich/politik/Gymnasium-bleibt-wird-Eliteschule/121283740
16 „Der Standard", 18.3.2007
17 Sibylle Hamann ist eine vielfach ausgezeichnete Buchautorin, Journalistin und Kolumnistin. Anlässlich der Journalistentage im März 2016 wählte eine hochkarätige Jury ihre Reportage „Mama fährt jetzt weg" zur „besten Geschichte des Jahres 2015", kurz davor hatte die bekennende Feministin den Frauenring-Preis 2016 erhalten.
18 „Kurier", 12.5.2014
19 Es gewann der „Bildungsexperte". Inzwischen hat Wien zwar einen neuen Stadtschulratspräsidenten – den gebürtigen Burgenländer und studierten Soziologen Jürgen Czernohorszky, junger Vater zweier Töchter – aber wetten, das Un-Wort ist bis heute dasselbe geblieben?
20 Für PISA werden die Tests und Fragebögen von Fachleuten aller Teilnehmerstaaten gemeinsam entwickelt und in die jeweiligen Landessprachen übersetzt. Die Tests bestehen aus einer Mischung von Multiple-Choice-Aufgaben (zum Ankreuzen) und aus Aufgaben, für die die Schülerinnen eigene Antworten schriftlich verfassen müssen. Die Aufgabenstellungen sind in Gruppen zusammengefasst, die sich, wie es heißt, „jeweils auf eine längere Beschreibung einer realitätsnahen Situation" beziehen (wie ein solcher „realitätsnaher" Test aussieht, finden Sie im Anhang unter „Macondo", Seite 173 ff.). Um im Ranking aufzuscheinen, ist es erforderlich, dass zumindest 4500 15- bzw. 16-Jährige aus mindestens 150 Schulen am PISA-Test teilnehmen. Die Niederlande beispielsweise wurden 2000 in allen drei Bereichen disqualifiziert, weil man zu wenige Teilnehmer aufweisen konnte. Österreichs Stichprobe für PISA 2015

umfasste etwa 300 Schulen aus allen Schulsparten. Pro Schule wurden max. 36 Schüler ausgewählt. Ein Großteil der Aufgaben stammte aus dem Bereich Naturwissenschaften, daneben lösten die Jugendlichen auch Fragen zur Lesekompetenz, zur Mathematik und zum Problemlösen im Team. Erstmals wurden in PISA 2015 alle Aufgaben am Computer bearbeitet. Um die Rahmenbedingungen für die Kompetenzentwicklung beschreiben zu können, wurden anhand von Fragebögen auch wieder Einstellungen und Erfahrungen von Schülern, Eltern, Lehrpersonen sowie Schulleitungen erhoben. Die Ergebnisse aus PISA 2015 werden am 6. Dezember 2016 der Öffentlichkeit vorgestellt.

21 „Falter" 5/16, Titel des Berichts „Schnee von gestern"
22 OECD-Studie „Education at a Glance", 2015, durchgeführt in 34 Mitgliedsländern
23 Hier liegt eine detaillierte Analyse der Ergebnisse nach der Überprüfung 2012 vor.
24 Alle Ergebnisse und Analysen zu finden auf bifie.at
25 Ausführliche Reportage http://kurier.at/lebensart/familie/erziehungshilfe-fuer-eltern/178.056.954
26 Erschienen in der Ausgabe November 2010, http://www.datum.at/1110/stories/was-liegt-das-pickt
27 Elfriede Hammerl ist bekennende Feministin, für „profil" schreibt sie eine Kolumne mit den Themenschwerpunkten Frauen- und Sozialpolitik. 2016 wurde sie aufgrund ihrer „herausragenden journalistischen und frauenpolitischen Tätigkeiten" mit dem Goldenen Ehrenzeichen für Verdienste um die Republik Österreich geehrt. Zeitgleich erschien ihr neues Buch „Von Liebe und Einsamkeit" mit Erzählungen im Verlag Kremayr & Scheriau.
28 „profil", 31.12.2010
29 Der Tilt-Mechanismus beim Flippern bestraft das missbräuchliche Spiel, indem er alle Spielelemente (inklusive Flipperhebel) außer Kraft setzt und so dafür sorgt, dass der Spieler die Kugel

verliert. Ältere Flipperautomaten bis in die 1960er-Jahre hinein beendeten durch ein Tilt nicht nur das Spiel mit der aktuellen Kugel, sondern das gesamte Spiel des jeweiligen Spielers.

30 „Die Presse", 16.1.2011
31 Ehemalige Wissenschaftsministerin, seit 2013 ÖVP-Nationalratsabgeordnete
32 Am 26.2.2014; Titel der Veranstaltung, die von Wirtschaftskammer und Industriellenvereinigung mitorganisiert wurde: Gegeneinander – nebeneinander – miteinander: (Wie) funktioniert die Kommunikation Schule – Eltern?
33 Gernot F. Schreyer ist dreifacher Vater, arbeitet hauptberuflich als Angestellter einer Versicherung in Salzburg und ist Miliz-Hauptmann des Milizverbandes Salzburg.
34 Die Erziehungswissenschaftlerin Mag.^{a} Dr.^{in} Gertrud Nagy (geboren 1948) ist seit 2007 wissenschaftliche Mitarbeiterin an der Johannes Kepler Universität Linz. Sie hat Lehrämter als Volks- und Hauptschullehrerin.
35 Unter Gernot Schreyer wird der Bundes-Eltern-Verband (BEV) seine starre Front gegen eine gemeinsame Schule und gegen eine Ganztagsschule wohl nicht verlassen. Laut Aussendung der APA vom 28.1.2016 ist er definitiv gegen „eine Gesamtschule": „Die Reduktion auf eine Einheitsschule ist weder ein Verdienst am Land noch an unseren Kindern", so Schreyer. Schreyer ist auch ein dezidierter Gegner der Ganztagsschule, „in der die Kinder ganztägig bespaßt werden". Er sieht es als Aufgabe der Eltern an, sich darum zu kümmern, was die Kinder lernen, und sie am Nachmittag zu unterstützen.
36 Für Nicht-Katholiken: Auf einer Reise nach Damaskus wurde der Christen-Verfolger Saulus nach einem „Gottes-Erlebnis" zum späteren Apostel Paulus.
37 „Die Presse", 31.12.2010. Das Gespräch führte Gerhard Bitzan, nachzulesen auf http://diepresse.com/home/bildung/schule/pflichtschulen/622062/VPStrobl_Schuldiskussion-verlogen
38 Laut Österreichischem Integrationsfonds, 2010, MMMag. Mo-

nika Potkanski, bringen türkische Mütter in Österreich statistisch 2,4 Kinder zur Welt.

39 „Falter" 4/11
40 www.un.org/en/development/desa/population/migration/publications/migrationreport/docs/MigrationReport2015_Highlights.pdf
41 „Kurier", 14.12.2015
42 „Kurier", 11.1.2016
43 „Kurier", 25.1.2016
44 Apropos Namen und Österreicher. Wollen Sie wissen, welche Familiennamen bei uns am häufigsten sind? Nein, eben nicht Meier, und schon gar nicht mit ei. Der Mayer mit ay findet sich immerhin auf Platz 7. Dahinter Berger (Platz 8), Bauer (9) und Hofer (10). Ganz vorn aber steht – Gruber (Platz 1). Vor Huber (Platz 2). Gruber vor Huber vor Wagner (Platz 3), Pichler (4), Moser (5) und Steiner (6). Kann man ein Land besser beschreiben als durch das Ranking seiner häufigsten Familiennamen (und das meine ich jetzt absolut wertfrei)? Bei den Vornamen (mit österreichischer Staatsbürgerschaft ☺) führen übrigens Lukas und Anna. 812 neue Lukasse im zuletzt ausgewerteten Jahr 2014, 836 neue Annas. Bei den Buben dahinter: Maximilian (Platz 2), Jakob (3), David (4), Tobias (5), Paul (6), Jonas (7), Felix (8), und dann gleichhauf Alexander und Elias. Die großen Zehn bei den Mädchen: Hinter Anna die Hanna (Platz 2), Sophia (3), Emma und Marie gleichauf (4), Lena (6), Sarah (7), Sophie (8), Laura (9) und Mia (10).
45 „Die Presse", 12.5.2007
46 „Last Christmas" ist ein Lied der Gruppe „Wham!" (Komponist George Michael) aus dem Jahr 1984. Angeblich beginnt die Weihnachtszeit eines Landes, wenn ein Radiosender die Saison mit diesem Lied einläutet, in Österreich war das 2015 am 27. November um 7:23 Uhr in Hitradio Ö3.
47 Zurzeit (Stand 2015) weisen sich in Österreich 5,2 Millionen Menschen als Katholiken aus, 600.000 als Moslems, 500.000

als orthodoxe Christen und 320.000 als evangelische. 1,9 Millionen sind ohne Bekenntnis. Bis 2050 wird die Zahl der Katholiken auf deutlich unter 50 Prozent der Bevölkerung sinken, die der Moslems stark steigen. In Wien etwa werden sich dann nur noch 33 Prozent der Menschen zur katholischen Kirche bekennen, 21 Prozent zum Islam, 30 Prozent werden ähnlich wie heute keiner Religionsgemeinschaft angehören. „Faktum ist, dass ein flächendeckender Katholizismus in Österreich schon länger Geschichte ist, und es wird ihn auch nicht mehr geben", sagte die Theologieprofessorin Regina Polak am 30. Jänner 2016 in einem Interview dem „Kurier"-Religionsexperten Walter Friedl.

48 „Kurier", 4.1.2016

49 Sonderausgaben des hervorragenden Multi-Kulti-Magazin „Biber", die nicht von der Redaktion, sondern von Schülern und Schülerinnen gemacht werden

50 Im Gegensatz zu seinem berühmteren Bruder Emoticon, das nur aus Satzzeichen besteht, ist das Emoji dem Wesen nach ein Piktogramm; als Emoticon sähe das Freudentränen-Smiley übrigens so aus :'-D.

51 Die Zahlen stammen aus 2015 und sind das Ergebnis einer Auswertung der Medien-Servicestelle Neue Österreicher/innen. Die meisten Schüler mit einer anderen Umgangssprache finden sich wie gesagt in Wien (46 Prozent), gefolgt von Vorarlberg (22 Prozent) und Salzburg (18 Prozent), die wenigsten in Kärnten (11 Prozent). Am höchsten ist der Anteil der Schüler mit nicht-deutscher Muttersprache an den Sonderschulen (31 Prozent), gefolgt von den Neuen Mittelschulen und Polytechnischen Schulen mit je 28 Prozent und Volksschulen (27 Prozent). An den Gymnasien ist deren Anteil mit 17 Prozent verhältnismäßig gering. Die häufigste Umgangssprache nach Deutsch (876.000) ist die bosnisch/serbisch/kroatische Sprachfamilie mit rund 67.000 Schülern, gefolgt von Türkisch (59.000) und Albanisch (16.000). Eine andere Muttersprache

als Deutsch bedeutet freilich nicht, dass es sich um ausländische Kinder handelt: Das traf nur auf 11 Prozent zu. Die meisten davon kamen aus der Türkei (16.100), gefolgt von Serbien/Montenegro (14.100), Deutschland (13.600), Bosnien-Herzegowina (11.400) und Kroatien (8700).

52 „Alphabet", Teil 3 einer Trilogie über die globalen Fehlentwicklungen unserer Gesellschaft, war 2013 die erfolgreichste österreichische Kinoproduktion.

53 Roland Düringers Talkshow „Gültige Stimme" montags auf PULS 4 gehört meiner Meinung nach zu den geistreichsten, interessantesten und innovativsten Formaten in der derzeitigen Fernsehlandschaft. Dass dies auf Kosten der Massentauglichkeit geht, stört den Düringer, den ich kennen- und schätzen gelernt habe, selber zum Glück am wenigsten.

54 Veröffentlicht im Februar 2016 im „Kurier" für die Initiative „Österreich 2030"

55 John Naisbitt war unter Kennedy/Johnson Vizebildungsminister. Sein Buch „Megatrends" prägte den Begriff „Globalisierung" und wurde 30 Millionen Mal verkauft. Seine Frau Doris, früher seine Verlagschefin, stammt aus Bad Ischl. Das Paar lebt in Österreich und China.

56 Aus Marianne Gronemeyers Vortrag „Bildung braucht Gastlichkeit", abgedruckt im Magazin „Brennstoff" des Waldviertler „Schuhrebellen" und Philosophen Heini Staudinger. 2011 erhielt Marianne Gronemeyer den Salzburger Landespreis für Zukunftsforschung. 2012 ist im Primus Verlag ihr Buch „Wer arbeitet, sündigt. Ein Plädoyer für gute Arbeit" erschienen.

57 Angela Merkels bereits jetzt legendärer Satz zu Beginn der „Flüchtlingswelle" im September 2015

58 Wolfram Kautzky ist Lateinprofessor am Gymnasium der Dominikanerinnen in Wien 13 (PGRG 13) und lebt seine Vorliebe für die Lingua Latina jetzt auch als Buchautor aus: „Latein für Anfänger: Das Beste aus der ‚Kurier'-Kolumne Nuntii Latini", 2014, Lit Verlag. Für den Schulbuchverlag Veritas ist er als Au-

tor der „Medias In Res!"-Lehrbücher sowie der „Durchstarten in Latein"-Lernhilfen tätig.

59 „Kurier", 4.1.2014
60 Ohne die nötige Zwei-Drittel-Mehrheit, für die es im Parlament die Zustimmung einer der Oppositionsparteien bräuchte, wäre damit das Reformpaket auch schon wieder gestorben gewesen. Ob sich die FPÖ noch ins Boot holen ließ oder aber der Punkt „Modellregionen" aus dem Verfassungsrang gehebelt wurde, war bei Redaktionsschluss des Manuskripts nicht bekannt.
61 http://www.iv-net.at/b3488m215/industrie-brauchen-eine-bildungsrevolution--neues-schulkonzept-der-iv/
62 Die Zentralmatura ist ja insofern gar keine, als die Anforderungen zwar zentral vorgegeben werden, die Beurteilungen aber an den einzelnen Schulen dezentral von den Lehrerinnen der jeweiligen Schule vorgenommen werden.
63 „Der Standard", 11.11.2015
64 Der Originaltext erschien unter dem Titel „Miese Mütter machen mobil" im März 2007 im „Standard". Für „Best of Schule" ein wenig nachjustiert.
65 Zuletzt zu hören gewesen auf Ö1 in den „Hörbildern" am 31.1.2015, nachzuhören im Internet bzw. nachzubestellen über den Ö1-Club. Angela Sasshofer war viele Jahre als Europasekretärin durch die halbe Welt gereist, bevor sie auf dem zweiten Bildungsweg eine Ausbildung zur Familienpädagogin absolvierte. Sie starb im Frühjahr 2014 im Alter von 54 Jahren an Krebs.

Namenregister

Androsch, Hannes 23, 44, 90
Apfl, Stefan 116
Ari-Akbaba, Eser 111
Aristoteles 170

Bitzan, Gerhard 213
Brandsteidl, Susanne 55
Bratić, Monika 68
Brühl, Ute 176

Chua, Amy 72
Cucujkić, Ivana 68
Czernohorszky, Jürgen 211

Davidovits, Daniela 74
Düringer, Roland 153, 216

Eibel-Steiner, Bettina 85
Engels, Isabelle 207
Enzenhofer, Fritz 57

Faymann, Werner 23, 184, 188
Felderer, Bernhard 127 f.
Freinet, Célestin 170
Friedl, Walter 215

Gabalier, Andreas 11
García Márquez, Gabriel 175
Gehrer, Elisabeth 45
Glöckel, Otto 170
Göksel, Yilmaz 126
Greiner, Erwin 161
Gronemeyer, Marianne 158 f., 216
Grubich, Rainer 210
Gstättner, Egyd 56
Gusenbauer, Alfred 44

Haider, Günter 44, 47, 180
Hamann, Sibylle 51, 211
Hammerl, Elfriede 76, 212
Hammerschmid, Sonja 7, 184, 187 f.

Hauptmann, Markus 21
Hausverstand, Herr 11
Heinisch-Hosek, Gabriele 47, 55 ff.
Hillert, Andreas 28
Hirscher, Marcel 11
Hopmann, Stefan 58
Horkheimer, Max 157
Hufnagl, Herbert 209

Kapsch, Georg 191 ff.
Karl, Beatrix 64, 86
Kasslatter Mur, Sabina 88, 179
Kautzky, Wolfram 176, 216
Kern, Christian 11, 160
Kimberger, Paul 189
Klingenschmid, Friedl 65
Klug, Gerald 144
Koenne, Christa 161
Koller, Dagmar 11
Koller, Marcel 11
Kotthoff, Helga 202
Kraml Resetarits, Karin 39, 45
Krisch, Wolfgang 55
Kummer, Christa 19, 100

Landau, Daniel 195
Landau, Michael 23
Lessing, Doris 122
Lugner, Mausi 25

Maria Theresia 170
Martin, Hans-Peter 39

Mayer, Heinz 161, 188, 190
Montessori, Maria 170
Nagy, Gertrud 90, 213
Naisbitt, John 157, 216
Naisbitt, Doris 157
Neugebauer, Fritz 75
Neumayer, Christoph 191
Niessl, Hans 88

Opaschowski, Horst W. 52 f.
Orwell, George 121

Pelinka, Niko 46
Platon 170
Polak, Regina 215
Porstner, Klaus 136, 138
Potkanski, Monika 214

Raidl, Claus 23
Rasfeld, Margret 45
Resetarits, Peter 122
Rottenberg, Thomas 67

Salcher, Andreas 44, 59, 211
Sarata, Birgit 25
Sasshofer, Angela 207, 217
Saverschel, Theodor 90
Schmied, Claudia 45 ff.
Scholz, Kurt 91
Schreyer, Gernot 90, 213
Schrodt, Heidi 161, 202 f.
Spiel, Christiane 73, 161

Spirk-Paulmichl, Michaela 65
Staudinger, Heini 216
Steiner, Rudolf 170
Strobl, Walter 93
Stuiber, Petra 92

Taschner, Rudolf 156
Tóth, Barbara 67

Vogelsaenger, Wolfgang 86 ff., 178, 181

Wagenhofer, Erwin 153
Walser, Harald 135, 188

Zaimoglu, Feridun 116
Zulehner, Paul Michael 139

Zweimal Niki Glattauer – Schulsatire pur

Niki Glattauer
Mitteilungsheft: Leider hat Lukas ...
ISBN 978-3-218-00881-5, € (A, D) 22,–
Illustriert von Verena Hochleitner

Niki Glattauer
Leider hat Lukas schon wieder ...
ISBN 978-3-218-00992-8, € (A, D) 24,–
Illustriert von Verena Hochleitner

Lukas ist 13, renitent und pubertär – also alles ganz normal. Eltern und Lehrerinnen tragen per Mitteilungsheft heftige Schlachten aus, Vater Walter Gruber schreibt sich den Frust in einem Schultagebuch von der Seele. Das Ergebnis: Das umwerfend komische und doch wirklichkeitsnahe Abbild des turbulenten Lebens einer Familie mit schulpflichtigen Kindern. Beide Bände standen monatelang auf den Bestsellerlisten.